超解読!

# はじめての
# カント『純粋理性批判』

竹田青嗣

JN263517

講談社現代新書
2099

# まえがき

最近、ニーチェ本やサンデル教授の哲学講義などで一種哲学ブームのような気配もある。しかしじつは、現代は「反哲学」の時代だということを、多くの読者は知っているだろうか。

かつて「哲学」は、新しい自由な社会を切望するヨーロッパの人びとの希望の星だった。実際に哲学は、合理的な知性による新しい近代社会の展開の原動力として、大きな役割を果たしてきた。

しかし、ヨーロッパでは、十九世紀の半ばから大きな反哲学の波が起こっている。主な批判者は、近代実証主義科学、マルクス主義、プラグマティズム、分析哲学、ポストモダン思想などである。

つまり、その後生じてきた現代思想の大きな思潮は、ほとんどが「反哲学」を旗印にしている。そして、その批判の要点は、哲学は「形而上学」である、というものだ。

では形而上学とは何か。近代実証主義の祖といわれるオーギュスト・コントは、「形而上学」を、世界の「根本原理」と「究極原因」を探究する学、と定義した。これはみごとな定義だったので、哲学に対する現代の批判者たちは、ほぼこのコントの定義にしたがっている。

「形而上学」をイメージするには、「神とは何か」というスコラ哲学の根本主題を考えればいい。「神は存在する」「神が世界を創造した」。これはキリスト教の哲学であるスコラ哲学の大前提だったが、「神が何であるか」については、誰もが納得するような説明を示すことは至難の業だった。このとき「神」とは、世界の根本原理かつ究極原因を意味していたわけだ。

世界とは何か。なぜ無ではなく存在があるのか。なぜ私は私なのか。なぜ人間は生きて、苦しむのか。死とは何か……。

ふつうはこのような「世界の存在と意味の謎」を「形而上学」と呼ぶ。この問いに絶対的に答えることは難しいかもしれないが、しかしそれを問いつづけることこそ哲学の本領である、という哲学観は、いまも一定程度生き残っている（とくに日本ではこのような形而上学的哲学は根強い）。

ところが、みたように、ヨーロッパの現代哲学・思想では、形而上学はすでに終焉したスコラ哲学の遺制とみなされており、近代哲学も、この形而上学的思考の残滓であるとして長く批判されてきたのだ。

たとえば、マルクスの「哲学者は現実を解釈してきただけだ」とか、ヴィトゲンシュタインの「語りえぬものについては沈黙せよ」といったよく知られた言葉は、現代の「反哲学」を象徴するものといえる。

近代哲学の最も高い峰はデカルト、カント、ヘーゲルである。これにスピノザとヒュームを加えると、近代哲学の代表選手たちがそろう。現代の批判者たちは彼らの哲学を「形而上学」だと批判した。それは正しいだろうか。

＊

わたしの答えはこうなる。彼らのなかにはたしかに「形而上学」的な哲学者も存在する。しかし、そのような哲学者でも彼らの最も優れた業績は、その形而上学的側面ではない。さらに、デカルト、ヒューム、カントの大きな業績は、むしろまさしく、これまでの「形而上学」を徹底的に批判し打倒した点にある。これは何を意味するのか。

現代の哲学批判は、近代哲学の最も本質的な仕事を、大きく誤解している可能性があるのだ。とりわけ、カントの『純粋理性批判』は、哲学を、スコラ哲学的な「形而上学」から「人間の本質」についての哲学に取り戻した点に最大の功績をもつのである。

だが、これについては少しあとに回そう。

＊

コントは、必要なのは絶対的で形而上学的な「哲学的」真理ではなく、人間が必要とする実証的な知識である、といい、マルクスは「問題なのは世界の解釈ではなく、現実社会を変革することだ」と説いた。またヴィトゲンシュタインから出た現代言語哲学（分析哲学）は、近代哲学の根本テーマを拒否して「言語論的転回」をおこなった。近代哲学はもはや「時代遅れ」の無用の長物だろうか。

現代の「反哲学」の潮流の大きな理由が何なのか、大きく整理してみよう。

第一。カント、フィヒテ、ヘーゲルといったドイツ観念論哲学者たちのあまりに大時代的な用語法。「超越論的」「アプリオリ」「純粋」「絶対」「真理」「本質」等々。

とくにヘーゲルが、キリスト教の超越神論（父なる神）に対抗して作り上げた、普遍神論（汎神論）の巨大な体系。つまり、世界は絶対精神としての神、神の本質は「自由」、自由の本質は無限性の運動、人間の歴史は、個別精神による絶対精神の運動の本質の体現、といった世界の全体像についての壮大な哲学的「物語《ストーリー》」。十九世紀の半ば、人びとはさすがにこういった観念に飽き飽きしてきた。

第二。十九世紀と二十世紀におけるヨーロッパ近代国家の過酷な世界侵略と世界支配。近代国民国家と資本主義社会における矛盾の噴出。

このことはヨーロッパの知識人に、ヨーロッパ近代に対する大きな反省を強いた。そして、近代哲学は、この「自己拡大的ヨーロッパ中心主義」としての近代社会の、「イデオロギー」とみなされた。

近代哲学はあやうい。なぜならそれは、近代国家の拡張的な進歩主義、競争万能の個人中心主義、金儲けのための自由主義、一切を合理化する技術中心主義等々を正当化するイデオロギーだから。

第三。二十世紀は、国民国家どうしの大戦争を生み出したが、そのほかに全体主義国家(社会主義国家と民族主義全体主義)を生み出した。近代哲学は、絶対的に正しい「世界観」や「価値観」を正当化する、「真理主義」や「形而上学主義」の源泉となったが、いまやそれらは「大きな物語」にすぎないことがはっきりした……。

このような理由で、近代哲学は、有神論的な形而上学、近代主義そして絶対的な客観主義、真理主義の源泉だとされ、すでに長く批判を受けてきたのである。

*

しかし、わたしの考えでは、このような近代哲学の通念的理解は、たいへん悲しい歪んだ理解というほかはない。

重要なことはつぎの点である。近代哲学に対するこのような大きな誤解は、もし読者が、『純粋理性批判』においてカントが説いた思想の内実を、もってまわらず、端的に、明晰に受け取ることができれば、つまりいわば〝非形而上学的な仕方で〟理解することさえできるなら、おそらくきれいに一掃されるようなものだと、わたしは思う。

そこで、『純粋理性批判』が何を説いた書物であるかについて、ここで前もって簡潔に示しておくことは無駄ではないだろう。

（1）カントの『純粋理性批判』は、近代哲学における「認識問題の謎」の解明、として提示されている。

近代哲学は、キリスト教的世界観を打ち倒して新しい合理的思考による世界像を作り上げようとした。このプロセスでまず二つの有力な新しい世界像が登場した。スピノザの合理論とヒュームの経験論である。

スピノザの考えは、世界はそれ自体が唯一、永遠なる神である、とする合理的推論による理神論。これに対して、ヒュームの考えは、絶対的に正しい世界像は存在せず、すべてはさまざまな文化が習慣的に形成している世界像にすぎない、という徹底的な相対主義的経験論だった。

カントは、認識論の問題として、一方でスピノザ的理神論（合理的推論によって世界の全体を認識できる）と、もう一方の相対主義的経験論（普遍的認識は存在しない）という対極の考えの間に立ち、この対立を調停、克服するような独創的な考えを展開した。それが彼の「先験的観念論」（超越論的観念論）である。

一般的にいって、スピノザ的な世界の推論可能性の議論とヒューム的な徹底的な相対主義の議論は、哲学的議論としては、「世界とは何か」について古今東西、大昔から存続してきた典型的な対立的議論である。

ちなみに、世界や存在の意味の謎について、哲学では伝統的な二元的対立の議論がある。この絶対認識主義対相対主義＝懐疑論はその代表だが、ほかにも、一元論対二元論（多元論）、観念論対実在論（唯物論）、客観主義対実存論等々がある。

『純粋理性批判』におけるカントの最大の業績は、この絶対認識主義対相対主義＝懐疑論という大きな哲学的認識論を、本質的な意味で〝解明〟した点にある。しかし、先にもみたように、このカント的解明の意味は、現代思想によって十分に理解されているとはいいがたい。

（2）カントは、世界の根本原因や究極原因は「物自体」であって、原理的に認識できないということを証明することで、これまでの「形而上学」の不可能性を宣言する。このことは、もしその核心的意味がほんとうに理解されるなら、きわめて大きな現代的意義をもっている。

なぜなら、全体認識可能論対相対主義＝懐疑論の思想的対立は、現在もさまざまな局面で続いているからだ。そしてこれらの対立は、認識論としてはほとんど不毛の対立なのである。

（3）カントは自ら提示した認識論の「原理」によって伝統的「形而上学」を終焉させた。そして、そのことではじめて哲学のテーマを、近代の「人間本質論」へと動かした。カントが『純粋理性批判』のあと、『実践理性批判』を書いたことがまさしくこのことを意味する。

「君の意志の格律が、いつでも同時に普遍的立法の原理として妥当するように行為せよ」。この定言命法は、近代の倫理思想の根本的な出発点となった。

デカルトが近代哲学の思考方法の出発点を創設したとすれば、カントは、近代人間学の根本主題を創設したといえる。このことの現代的意義もきわめて大きい。

＊

近代哲学の「認識論」は、ヒュームの徹底的相対主義とカントの「アンチノミー」から、本当の意味で出発した。それは近代の人間の思想と社会の思想にとっても決定的な意義をもっていたが、その全体像は、時代の「反哲学」の思潮によって覆い隠されてしまっていると、わたしは思う。

近代哲学が「形而上学」であり、いまや無用の長物であるといった現代の批判は、長く近代哲学とつきあってきたわたしからは、ありえない誤解あるいは無理解にすぎない。カントの理説をほんとうに理解したものは、これまでの現代思想、現代社会科学の諸理論、その対立、イデオロギー性、混乱を、まったく新しい観点で眺めるようになるだろう。そして新しい人間の問題の扉が開かれるはずである。

# 目次

## Ⅱ　先験的方法論

【凡例】

・用語は基本的に岩波文庫の篠田英雄訳に対応させた。

・〔⇓〕は解読者の補説。〔☆⇓〕は解説。単なる（　）は、解読の一部。

・全体を適宜区切り、章頭解説と章末解説をつけた。

・『純粋理性批判』本文からの主要用語と引用は『　』で括り、長い引用は『　』で、太字にし、場合によってはページ数をつけた（篠田訳、必要に応じ竹田意訳をおいた。ページは原著ページ）。また必要に応じて最小限独語版から原文をつけた（マイナー版）。

・緒言、附録他、一部解読を省略した。

# Ⅰ　先験的原理論

# 第一部門　先験的感性論

### ☆章頭解説①

まず、『純粋理性批判』の全体構成を以下に示す。

Ⅰ　先験的原理論→第一部門先験的感性論　空間・時間
　　第二部門先験的論理学
　　　①先験的分析論　概念の分析論　カテゴリー
　　　　　　　　　　　原則の分析論　判断力
　　　②先験的弁証論　1純粋理性の誤謬推理（魂）

2 先験的宇宙理念　アンチノミー（世界）
3 純粋理性の理想（神）

Ⅱ 先験的方法論→1 純粋理性の訓練
2 純粋理性の規準
3 純粋理性の建築術
4 純粋理性の歴史

『純粋理性批判』の眼目は、人間の理性の能力の批判である。哲学はこれまで、人間理性はいったい何を認識でき、何については認識できないかについて本質的な考察をおこなわなかったが、自分はこれをはじめて敢行する。これが『純粋理性批判』におけるカントの第一のマニフェストだ。

その意義については後でもう少し詳しくみるが、とりあえず、カントの基本の構想は以下である。

人間の理性は、はたして「真理」を認識できるのか、あるいはできないのか。また、「真理」についてさまざまな説が現われてきたが、なぜそれが多くの見解に分かれて対立するのか。

この問題は、哲学的には「認識問題」と呼ばれて長く議論されてきたが、結局、誰も満足のいく答えを見出せなかった。しかし、自分はこの問題について、一つの根本的な原理をもっている。

この問題を解明するには、世界がいかに存在しているかを事実として探究するのではなく、世界を認識する装置としての、人間理性の本質を解明することが重要である。この試みによって、これまで決して解けなかった「認識問題」は最終的に解明されるはずだ。これがカントの基本のアイデアである。

そこでカントは、まず人間理性（観念）を、感性、悟性、理性という三つの要素に区分する。そして、それぞれの認識装置としての機能と本性を解明してゆくという道を進む。

「感性」は、われわれが外的な世界のさまざまな印象を受け入れる五官の総称だから、これが出発点になる。カントによれば、感性、悟性、理性という認識の各要素は、それぞれ根本の形式をもっている。感性では、それは「空間」と「時間」である。

したがって、ここで読者は、感性がその根本形式として「空間」と「時間」という枠組みをもつということの意味を、まず理解しなくてはならない。

先験的感性論でのもう一つの柱は、「物自体」という概念である。まずカントは、人間は世界を人間に固有の感性の形式を〝通して〟しか認識できない、と主張する。そして、もし人間の認識の感性形式が、制限されたもの、つまり「不完全」なものだとすれば、人間は世界を正しくとらえることは決してできないということになる。

しかし、まさしくそれが、ここでのカントのとりあえずの結論である。世界の完全なありよう、すなわち「世界それ自体」すなわち「物自体」は、人間には認識できない。

しかし、この結論の射程が驚くほど深いことを、その後の議論で読者は知ることになるだろう。

## 《解読》

### 緒言

はじめに、基本的な用語について解説しよう。

人間は、およそ事物（対象）を「直観」によって知覚し認識する。つまり、事物は、われわれの五官の知覚を通して、意識に現われてくる。これを「感覚」による直観というが、人間がもつこの「対象を感覚的に直観する能力」を、ここでは「感性」と呼ぶ。

しかし、われわれは、ものごとや事物対象を「感性」だけで認識するわけではない。「感性」のほかに、「悟性」と「理性」の働きが必要である。ここで「悟性」は、主としてものごとを概念的に判断する働き、「理性」は主として判断されたものをもとにしてこれを「推論」する能力を意味する。

ともあれ、人間の思惟や認識はあくまで「直観」からはじまるから、「感性」はそのいちばん基礎となる要素だ。どんな対象もまず「感性」を通してわれわれにやってくるからである。

さて、つぎに、感性を触発してわれわれの意識に現われてくる像（表象＝イメージ）を、「感覚」と呼ぼう。また、こうして現われる対象はすべてわれわれの経験だから、これを「経験的直観」と呼ぶことにする。つまりそれは、あくまでわれわれに「現象している」（現われ出ている）経験なのだから、どんな経験もすべて「現象」である。

つぎに、現象としての感覚的な対象を、その「質料」（素材）と「形式」という観点から考えてみよう。すると、意識に現われる感覚的質料はきわめて多様だが、それが一定の形式において整理されて、はじめて一つの明瞭な対象の像となる、と考えられる。

つまり、われわれの「感性」は、外的対象をそのまま取り入れているのではなく、それを一定の形式におき直して取り入れているのだ。するとこう考えてよい。つまり、感覚の素材（質料）は、「アポステリオリ」（後天的・経験的）なものだが、感性の「形式性」は「アプリオリ」（先天的・生得的）なものである、と。

ここで大事なのは、多様な感覚的印象を一定の仕方でまとめあげるこの「感性」の形式性を、われわれは、それ自体として考察（直観）できるということだ。

たとえばつぎのように考えてみよう。いま、ある物体から、実体とか、力とか、分割可能性といった観念をすべて捨て去ってみる。さらに、不可入性、堅さ、色といった諸性質もみな取り払ってみよう。すると何が残るだろうか。

おそらく、「延長」と「形態」、つまり物の大きさ（量）と形だけが残る。これが意味しているのは、われわれの感覚に現われる物の諸性質や属性をすべて取り除いて最後に残るものは、「空間性」であるということだ。

言い換えれば、「空間」とは、われわれの感覚を通して経験的に現われているものではなく、人が事物を感覚するうえでの根本条件、つまりその「形式的条件」だということである。

さて、こういう仕方で人間の認識能力の「純粋な形式性」だけを取り出すような試みを、私は、「感性のアプリオリな諸原理についての学」、つまり「先験的感性論」と名づけたい。すると、「感性」のアプリオリな原理は、およそ人間の認識についての入り口の原理であり、だから世界認識の理論の出発点となるものだということが理解できるはずだ。

感性のアプリオリな形式性の原理は、こうして「空間」と「時間」の二つだが、これらについての理論を、私は「先験的感性論」と呼ぶ。

［☆⇓「アプリオリ」は、「もともと」「無前提に」「はじめから」などに適宜置き換えて読む。「先験的」＝「超越論的」(transzendental) は哲学的な意味を含んでいる。第一に、経験に先んじて、経験を超えた、という意味。第二に、経験を超えて人間の認識の仕組みに本来そなわっているものを探求する観点、という意味。

したがって、「感性のアプリオリな原理」と「先験的感性論」は、結果的にはほぼ同じ意味だが、「感性のアプリオリな原理」というと、単に、「感性が、もともともっている働きの原理」というニュアンスになり、「先験的感性論」というと、認識を経験的な領域と先験的な領域とに区分するカント的観点からの、人間の感性についての哲学的原理論、という含みをもつ。］

## 第一節　空間について

### 空間概念の形而上学的解明

まず、大きな区分を示そう。

①事物対象は、「外感」〔⇒視覚、聴覚、触覚などの五官〕によって受け取られる。

②内的状態（心の状態）は「内感」によって受け取られる。

このとき、「外感」の受け取りは「空間」という基本形式をもち、「内感」の受け取りは、「時間」という基本形式をもつ。

では「時間」と「空間」とは何か。これは昔からある哲学上の難問だ。それらは「現実存在」なのか、あるいはたんに物と物との関係なのか、またそれは「物自体」なのか。このことをいま考察し、解明してみよう。

ただし、基本としての「形而上学的解明」と、その展開としての「先験的解明」（超越論的解明）とをおいてみる。

〔☆⇒「物自体」はカント哲学の中心的概念。人間は「対象」を自分の感性（五官）を通してのみ認識する。しかし神のような全知の存在にくらべると、人間の認識（五官）の能力は「不完全」だから、世界を限定された仕方でしか認識できない。したがって世界の「完全な認識」は、「神」のような全知の存在だけに可能で、そのような世界のありようをカントは「物自体」（＝世界それ自体）と呼ぶ。〕

空間が人間にとって「アプリオリに」与えられているものであることを〝証明〟（解明）してみよう〔⇒これは「形而上学的解明」とされる。空間が「アプリオリに与えられている」とは、空間の表象は、経験によって知られるようになるのではなく、人間の観念にもともとそなわったものという意味〕。

（1）「空間」とは、われわれの経験から抽象された「観念」だという説があるが、これは、原因と結果をとり違えている。たしかに、ふつうは、事物についての経験が反復されて、われわれは「物」の大きさ、並び、隔たりというものを知る。だから「空間」も、経験が重なって「空間」という観念が作られるような気がするのだ。

しかしよく考えると、そもそも並びや隔たりという関係の像（イメージ）が形成されるためには、「空間」という表象の形式自身が、あらかじめわれわれに存在しているのでなければならない。つまり、事物の経験が空間表象をもたらすのではなく、空間表象が事物の経験を可能にしているのだ。

（2）「そのなかに対象がまったく存在しない空間」をイメージすることはできる。しかし「空間そのものがまったく存在しない状態」を考えることは、絶対に不可能である。このこともまた、「空間」は経験的に作り上げられる観念ではなく、事物が「現象」としてわれわれの意識に現われてくるその前提であることをよく示している。言い換えれば、「空間」は、人間の観念にもともとそなわっている表象の根本形式、「アプリオリな表象」なのである。

（3）ふつう、多くの丸いものの経験から「円」や「球」という概念が抽象される、といわれる（ライプニッツやロックなど）。しかし「空間」については、われわれはそれを唯一のものとしてしかイメージ（表象）できない。

たしかに「多くの空間」という言い方もある。だがそれは、唯一の空間の多くの部分、を意味しているにすぎない。ここでは、ほかの概念のように、まず「空間」についての多様な経験があり、そこから「空間」という概念が共通性として取り出されるのではない。

逆にいえば、多様な空間のイメージをもつには、必ず唯一の空間という「アプリオリな」直観が存在していないといけない。だから、空間は「純粋直感」だといえるのだ。幾何学の直観が経験的ではなくアプリオリであるのも、まさしくこのことに根拠をもっている。

（4）空間は、一般に、「無限のもの」として表象されている。なるほど、どんな概念でも無数の存在という表象をもつことができる〔⇓無数の生き物、無数の星など〕。しかし、それ自身が無限であるというイメージを含んでいるような概念はない。

たとえば、無数の「物」というイメージをもつことはできるが、「物」という概念自体は無限の存在ではない。ところが「空間」の概念は、個別の空間をも指すが、同時に、一切の個的な空間をふくむ「空間全体」をも指している。このことを考えても、空間は、経験によって形成された概念ではなく、「アプリオリな直観」だということがわかる。

### 空間概念の先験的解明

幾何学は「空間の諸性質を綜合的に、しかもアプリオリに規定する学」である。そのため幾何学は、空間の本質について重要なことをわれわれに教えてくれる。

ふつうは、単なる概念から、それに関係するさまざまなことがらを厳密に取り出すことはできない〔⇓たとえば、犬の概念から、犬のもつ性格や属性のすべてを厳密に取り出すことはできない〕。しかし幾何学では、たとえば直観的な「空間表象」を出発点として、そこから現われる概念を、無限にしかも厳密な仕方で展開できる。点、直線、平面、円、多角形、垂線、等々の諸関係などである。

こうして取り出された幾何学的命題はすべて必然的な命題であって、経験によって確かめられるようなものではない。

たとえば、「空間は三つの次元をもつ」という命題は経験的判断ではない。これは、アプリオリな空間表象にもとづくアプリオリな命題、つまり経験とは無関係に、われわれの脳裏にもともと存在する「空間のイメージ」から取り出された純粋な直観である。

また、一切の外的対象（事物）は空間的直観をともなっている。これはつまり、「空間」とは、経験から形成された直観ではなくて、むしろわれわれのうちに内在していて、事物の認識それ自体を可能にしている直観の基本形式だということなのだ。いまみたように幾何学はそのことをよく教えている〔⇓絵が描かれるには白地のキャンバスが必要だが、空間とはさまざまな事物がそのうえに描かれる白地のキャンバスのようなもので、それがなければ、個々の絵が存在しえないということ〕。

**上記のことから生じる結論**

a　空間は「物自体」ではない。空間は、人間の感性が物を受け取る（認識する）際の基本形式である。人間は物を〝空間的な枠組み〟のなかでのみ認識する。

b　空間は外感による一切の事物認識（現象）の「形式」である。つまり「感性の主観的条件」である。

対象は感官を触発してわれわれの意識に入ってくるが、われわれはそれを必ず空間的形式のかたちで受け取る。それが物を「経験する」ということなのだ。またそれは「物」がわれわれに「現象」してくるということでもある。

対象は「空間」という形式を通してのみ直観されるから、われわれの空間の表象を、あらゆる事物直観を可能にしているものという意味で、「純粋直観」と呼ぶことができる。

こうして、空間はある意味で「実在的」なものだが、同時にそれは一つのアプリオリな観念でもある。『**したがって、物自体は、経験においてはまったく問題にならない**』〔⇒物自体は、空間という感性形式を通して経験世界が現われる以前のものだから、人間がこれを経験する＝知覚することはまったくできない〕。

## 第二節　時間について

**時間概念の形而上学的解明（哲学的解明）**

空間の本性について述べたので、つぎは「時間」について考えよう。結論的には、時間もまた、空間と同じく「感性の基本形式」である。

第一に、空間と同様時間もまた、経験から取り出された経験的概念ではない。時間表象もまたアプリオリな直観の形式であって、これがなければ人間は、そもそも事物の「順序」（継時性）や、同時性などを認識できない。したがって、「時間」という形式性がなければどんな経験も可能でない〔⇒カントでは、「現象」とは、対象が人間の経験に〝現われ出ること〟、を意味する〕。

第二に、アプリオリな空間直観が幾何学を可能にしていたように、時間一般についての数学的公理も、アプリオリな時間の直観によって可能となっている。

たとえば、多くの異なった時点は同時的ではなく継時的であり、つまり必ず前後関係をもつ、といったことはアプリオリに認識されることであって、経験を必要とはしない。だからつぎのようにいうことができる。『**経験的知覚は、あるものがかくかくであることを教えるが、アプリオリな直観は、あるものがかくあるべきことを教える**』と。

第三に、時間はまた、いわゆる「一般概念」でもない。これも空間と同じで、「多くの時間がある」とはいえるが、それらは必ず唯一の時間の一部分で、根本的な時間の全体のうちにある。たとえば、「多くの異なった時点は、同時には存在しえない」という命題は、誰もが必然的なものとして取り出せる命題であって、経験を必要としない。

第四に、われわれが経験する一定の具体的な時間は、必ず、無限の時間のなかのある一定の量（長さ）の時間だ、ということを誰でも知っている。つまり、部分的時間は、無限の時間という表象のうちではじめて与えられる。ここでも、時間が、人間の具体的な時間経験を可能にしているアプリオリな形式性であることがよく示されている。

### 時間概念の先験的解明

右でみた時間の解明に、変化や運動の表象もまたアプリオリな時間直観なしには成立しない、ということをつけ加えておこう。物体の変化だけでなく、あらゆることがらの「変化」は、時間という形式性があってはじめて可能になっている。これは誰にも分かるだろう。つまり、この純粋な時間概念こそが、一般力学におけるアプリオリな認識の根本的土台となっているのだ。

### これらの概念から生じる結論

a　時間は、それ自体存在する存在（物自体）でもないし、物の「性質」でもない。むしろそれは、物の経験それ自体を可能にする人間の「直観の根本形式」である。だからこそ、数の概念さえ学べば、誰もが経験を介せず、そこから数学的な判断を取り出すことができるのだ。

b　時間は人間の「内感の形式」である。つまりわれわれが自分の内的状態を直観するときの基本形式である。

時間の内的直観は「空間」のような明確なイメージをもたないので、われわれはふつうそれを、一方向に延びる「直線」のイメージでつかんでいる。そしてこのいわば進んでゆく直線のイメージから、時間についての数学的公理を取り出している。

c　こうして、時間もまた、空間の場合と同じく、『**一切の現象一般のアプリオリな形式的条件である**』。それは、われわれの内的（心の）現象の形式的条件だという点で「空間」と区別されるが、しかし外的な対象もやはり心のうちで経験されるのだから、結局、間接的に、外的現象の経験の条件でもあるといえる。

したがって、われわれはこういうことができる。『**感覚の一切の対象は時間のうちにあり、また必然的に時間の関係に従っている**』(51)と。

また、空間の場合と同じく、時間も「物自体」としては「無」であって、なにかそれ自体実在するものではない。言い換えれば、「時間」はあくまで、人間の経験世界（＝現象世界）の枠組みとしてのみ存在するものだ。

だからたとえば、「一切の事物は時間の内にある」などということはできない。時間は他の「物」と同じレベルで存在するのではなく、ただわれわれの経験の枠組みとしてだけ存在している。あるいは、時間と空間は、いわば経験世界という「絵」が描かれるために必要なキャンバスであって、そこに描かれるさまざまな事物とは別のものである。

**説明**

　時間は実在するものではないという私の主張に対して、時間はどうみても〝リアルなもの〟ではないか、という反論もあるだろう。しかし、つぎのように考えてみよう。

　時間や空間がそれ自体「リアルな実在」であるという考えは、われわれの認識が、世界それ自体（＝「物自体」）を、あるがままに、直接にとらえることができるという思い込みからきている。だがこの考えは、われわれが事物を経験し認識するのは、あくまで観念や認識の仕組みを通してである、ということを忘れているのだ。

　われわれはまず感性によって外界の印象を取り入れてまとめあげ、悟性によってそれを統一的に判断し、理性によってその対象について思考する。そして感性、悟性、理性は、人間に固有の「形式」をもっているのだ。

　だから私は、**『時間と空間とは、一切の感性的直観の二つの純粋形式であり、これによってアプリオリな綜合的認識が可能になる』**（56）、というのである。すなわちわれわれは、「主観」のありかた（主観の形式）を通してしか世界や事物を認識することができない。そのことを見逃すと、時間や空間は、それ自体リアルなものだという考えにとらわれるのである。

最後に、感性のアプリオリな形式がこの時間・空間の二つ以外にはないことは、感性についての他のさまざまな概念を吟味してみれば容易に理解できる。たとえば運動や変化などは一見基本的「形式」のように思えるが、それらは経験から形成された概念にすぎないのだ。

## 先験的感性論の結語

われわれははじめに、先験的哲学の中心的問題の一つとして、「アプリオリな綜合認識はどうして可能なのか」、という問いを立てておいた。つまり、幾何学の場合のように、分析的判断ではないのに誰にとっても妥当する綜合的な命題がなぜ可能になっているのか、という問いである。

ここでの時間と空間についての考察は、われわれにその答えをよく示している。われわれが幾何学などをアプリオリに理解できるのは、時間や空間が、経験的に認識されるものではなく、いわば直観の形式として、われわれのうちにすでにある秩序をもって存在しているからなのである。

つまり、数学的な綜合判断は、われわれが、「アプリオリな純粋直観」として「空間および時間」という形式をもっていることで、可能となっているのだ。
こうして、空間・時間は、単なる経験的対象なのではなく、人間の感性の基本形式だということが明らかになった。

### ☆章末解説①

先験的感性論は『純粋理性批判』の出発点だから、まずはこの書物の全体にわたる見取り図をおいておこう。

はじめに述べたように、『純粋理性批判』の中心のテーマは、人間の理性の批判ということにある。言い換えれば、人間の認識の本質を解明し、そのことで、人間が原理的に何を認識でき、何が認識できないのかを明らかにする点にある。そのために、感性、悟性、理性という認識の基本要素の本性を考察するのである。

すぐに分かるように、この理性批判の試みは、伝統的な「形而上学」に対する批判を含意している。伝統的な形而上学は、世界の存在の根本原理や究極原因について考えつづけてきた。哲学者たちは世界と人間の存在の「真理」についてさまざまな説を主張したが、それは決定的な一致を見ることはなく、かえって深刻な対立を生み出してきた。

まず、さまざまな「真理」説どうしの対立が現われ、つぎに「真理」にいたる正しい認識の方法があるという考え（真理主義・普遍認識主義）と、正しい認識に達することなど根本的に不可能であるという考え（懐疑論）との対立が現われた。つまり、正しい認識に達する方法があるか否か、あるとすればどのような方法であるか、これが古今東西を貫く哲学的「認識論」の根本問題である。

優れた哲学者は、誰でもこの認識論の根本問題を解こうとして努力してきたが、結局のところ、満足できる認識論は一つも現われなかった。いま自分は、この難問を解明する原理をもっていると考える、これが『純粋理性批判』におけるカントの立場である。

カントのこの試みがうまくいっているかどうかについては後で考えてみたいが、ここでは、この課題のために彼が立てた基本のプランを示しておこう。

ふつう、世界がいかに存在しているかを認識するには、二つの大きな方法がある。実証の方法と推論の方法である。一般的には実証の方法は主として「科学」の方法であり、推論の方法は主として「哲学」の方法である。しかし、実際にはこの二つがうまく組み合わされることで、人間は世界の認識を拡大してきた。

だがそれでも、世界認識については、大昔から、いま触れたような「正しい認識」

についての二つの議論の対立はおさまることがなかった。それどころか、ヨーロッパでは、人びとが長い時間をかけて積み上げ、誰もが絶対的に正しいものと考えられていた「キリスト教的世界観」が、近代に入って根本的な疑問にさらされ、そのことでふたたびこの認識問題が浮上してきた。もういちどさまざまな「真理」の考えが現われ、また、真理主義派と懐疑論派の対立も、深刻なものとして浮上してきたのである。

正しく推論を重ねて仮説を立て、さらにそれを正しく精密に検証することによって世界の正しい認識を拡大してゆく。これは近代科学の基本の方法である。この近代科学の方法さえも、真に正しい認識があるのか否かという「認識問題」の謎の前では、根本的な疑問にさらされることになる。

カントはここで根本的な発想の転換をおこなった。人は正しい推論と正しい実証を積み重ねることによって、最終的には世界を正しく認識できるはずだと考えてきた。しかしそうだろうか。何より重要なのは、その実証や推論をつかさどる人間の観念の、本性それ自体を考察することである。そして、かつてどんな哲学者もこのことを本格的に考察したことはなかった、と。

認識を精密にし、拡大するよりも、いわば人間の「認識」装置の本質それ自体をつきとめること。このことで、なぜ唯一の「真理」が認識されないのか、なぜ真理主義派と懐疑論派とが決着のつかない議論をくりかえしてきたかが、解明されるはずである。これがカント認識論におけるコペルニクス的転回なるものの内実である。

これは、現代の脳科学者が、人間の脳をよく調べて思考の根本的な仕組みを解明すれば、正しい認識とは何であるかが分かると考えるのと、発想としては似ている。しかしじつは、脳の仕組みを解明するというのは「実証の方法」にほかならない。

むしろカントは、この問題は実証の方法では解明することができず、ただわれわれの「観念（理性）の本質」についての哲学的な考察だけが、この問題の解明を可能にすると考えた。その大きな見取り図は以下である。

カントは、人間の観念、つまり認識装置の全体を、感性、悟性、理性の三つの要素に区分する。そしてそのそれぞれの要素の働きの本質をつきとめることができれば、人間はいったい何が認識でき、何が認識できないかをはっきり解明できる、またこのことが解明されれば、当然、真理主義派と懐疑論派の対立も解決されると主張する。これが『純粋理性批判』の全体像である。

そういうわけで、『純粋理性批判』は、まず「感性」の本質の解明、つぎに「悟性」の、そして最後に「理性」の本質の解明へと進んでゆく。

もう一つポイントをあげておくと、カントによれば、「感性」「悟性」「理性」の本質、つまりその働きの本性は「アプリオリなもの」、つまり人間の観念にもともとそなわっているもので、経験的に形成されるものではない、とされる。人間の観念の機能のアプリオリな本性についての考察なので、これは「先験的」（超越論的）な哲学である、というのである。

この観点は、まさしくカント哲学に独自のものであり、これをカントは「先験的観念論」の立場と呼んだ。

さて、カントの先験的感性論の大きな主張は、人間の「感性」は空間と時間という基本形式をもっている、ということである。

どんな認識対象も、空間的に〝これこれの場所を占めるもの〟として、また、時間的には〝いまここにあるもの〟、つまりある時点に存在するものとして感受される。

たとえば、いまわたしが目前に見ているリンゴは、必ず一定の空間を占めつついまここに存在しているもの、として受け取られる。もう少し詳しくいえば、われわれは視覚や触覚や嗅覚などの五官でリンゴを知覚するわけだが、このリンゴは、必ず、空間的にこれこれの大きさをもち時間的にいまここにあるもの、という仕方で存在する

## カント　物自体図式

ものとして受け取られる。それ以外の仕方では、われわれは具体的対象（＝物）を認識できない。これがカントの、感性は空間・時間という基本形式をもつという主張の骨子である。

この考えは、基本的には近代科学の考えにのっとっているので、まず誰にも理解できるはずだ。だがこの前提から、一つの独創的な考えが現われる。それが「物自体」の概念である。

われわれは、どんな対象も空間・時間という基本の枠組みのなかでとらえる。このことはわれわれが事物を、人間の感性の形式を通してのみとらえるということだ。そしてこのことは、認識の可能性ということにとってきわめて重大な意味をもっている。

カントはつぎのように考えた。人間は人間の感性の形式に応じて対象を認識する。同じく他の生き物もその独自の感官の能力に応じて対象をとらえている。さて、神のような〝一切を完全に認識する〟能力をもつ知性があるとすれば、人間を含めどんな動物もその感官の能力は制限されたものであり、それぞれの感官の能力に応じた不完全な認識しかもつことができない、ということになる。このカントの考えを図式にすると、前頁の図のようになるだろう（「物自体」図式）。

この「物自体」の図式では、事物＝世界の完全な認識をもつのは、全知の神だけであり、人間を含めたすべての生き物は、不完全な仕方でしか世界認識をもつことができない。したがってわれわれには、「世界それ自体」は、決して完全には認識できない「物自体」として、認識の彼岸にとどまることになる。

こうして、「物自体」の概念は、カントの先験的感性論の第一にしてもっとも重要な帰結となる。「物自体」の概念が問題なく理解できれば、われわれはつぎの悟性論と理性論に進んでゆくことができる。

# 第二部門　先験的論理学

## ☆章頭解説②

先験的論理学は、「悟性」と「理性」の働きを扱うが、そのうち「悟性」の働きとその本性についての考察を受けもつのが先験的分析論である。

すでにみたように、カントの「感性」は、多様な外的印象(直観)を、空間、時間という形式の枠組みのなかで受け取る。「悟性」は、この多様な直観をまとめあげ(綜合し)、それを一つの概念的な判断へとまとめあげる役割をはたす。

まず重要な点は、「感性」のアプリオリな形式(枠組み)が空間と時間であると規定されたように、「悟性」もまたそのアプリオリな形式の枠組みをもっているという点だ（ついでにいうと、理性も基本形式をもっているがそれは後述）。ここで悟性における大きく四つのアプリオリな要素が考察されている。

まず第一に、「カテゴリー」（純粋悟性概念）。カテゴリーは、多様な直観をまとめて一つの具体的対象として概念的に判断するための枠組みであり、この項目も四つあり、量、質、関係、様態がそれにあたる。「純粋悟性概念の先験的演繹」とは、なぜ判断の枠組みである「カテゴリー」がこの四つなのかについての哲学的な証明のことだ。

第二に、「先験的統覚」。これは、人間ではどんな判断や認識にも必ず、「私がそう判断し、認識する」という意識がともなっている、ということ。

第三に「図式」。「図式」の位置はややあいまいだが、基本的には、感性と悟性のあいだにあってこれを架橋する「構想力」の働きとされている。感性的な直観を、悟性という異なった領域にもちこむための媒介者の役割を担う。

第四に、それぞれの「カテゴリー」が多様な直観に適用されるうえでの「原則」を扱う、「原則」の分析論。

多様な直観が「カテゴリー」という判断の枠組みによって整理されて、たとえば「これは、机の上にいま現に存在する、一つのリンゴである」、といった判断にもたらされる、という考えはそれほど難解ではない。「先験的統覚」や「図式」もまず理解できるだろう。しかし、「原則の分析論」はかなり細かな議論になっていてあまり分かりやすくはない。一つだけ例をあげておくと、感性による多様な直観に「量」のカテゴリーを適用するさいの原則は、「直観の公理」と呼ばれる。あらゆる実在的な対象（物）は、必ず一定の空間的広がり（つまり量）をもつものとして認識されるとき、客観性をもつ。

この「第一原則」の意味は、平たくいえば、ある具体的な物が、質量をまったくもたないものとして認識されるなら（⇓幽霊、霊魂、ガイスト、スピリットそれ自体）、そのような認識は客観性をもたない、ということである。

## 《解読》

## 緒言　先験的論理学の構想

### I　論理学一般について

人間の認識（能力）の全体は、感性、悟性、理性という構造をもっている。整理すると以下のようになる。

①　感性は、感官を通して事物を表象として受け取る能力（直観の能力）。

②　悟性は、感性的直観による多様な表象をまとめあげ、判断にもたらす能力（概念的判断の能力）。

③　理性は、悟性による対象の判断から、推論によってその全体像を導く能力（主として推論の能力）。

「感性」は、対象によってわれわれの感官が触発され、意識がその像（表象）を受け取る感官の能力で、時間・空間という基本形式をもつ。

この感性による多様な表象を、いわば〝まとめあげて統一する〟のが「悟性」の能力である。

つまり、経験的な対象（事物）の認識は、「感性」と「悟性」という二つの働きの結びつきによって可能となっているわけだ。「感性」はいわば受動的な働きであり、「悟性」は自発的、能動的な働きだといえる。

われわれは「感性」の本質的な形式を「先験的感性論」というかたちで考察したが、同じように「悟性」の本性についての考察を「先験的論理学」と呼びたい（⇓これが先験的〝論理学〟と呼ばれるのは、人間の判断が、「AはBである――ない」とか「AならばBである」といった論理的な述語形式として示されるから」。

〔☆⇓ここで論じられる「先験的論理学」の大きな構図は、以下の通り。〕

〔先験的感性論〕
「感性」→直観（受容）→経験的……感覚（質料）
　　　　　　　　　　→純粋……形式性　時間・空間

〔先験的論理学〕
「悟性」→概念（能作）→経験的……感覚など
　　　　　　　　　　→純粋……形式性「カテゴリー」

「論理学」→「一般論理学」→「純粋論理学」
（これまでの論理学）　　　→分析論（形式論理学）
　　　　　　　　　　　　　→弁証論（詭弁論）
　　　　　　　　　　　　　→「応用論理学」（主観についての経験的な心理学）
　　　　→「先験的（超越論的）論理学」（カントによる認識の根本的本質論）
　　　　　→分析論（カテゴリー論）

——→原則論（判断力）
——→弁証論（アンチノミー）

まず、術語を整理しておこう。従来の論理学、つまり「一般論理学」は、大きく「純粋論理学」と「応用論理学」に区別される。純粋論理学は、経験的観察に頼らず、人間の判断の〝アプリオリな形式性〟だけを扱う。

「応用論理学」は、たとえば、われわれの注意力、注意の結果、誤謬の原因、疑問、確信などの状態がどんな具合であるかを考察するものだが、これは経験的にのみ与えられる諸規則である〔⇒おそらく、スピノザやヒュームなどがおこなっている、主観内部の哲学的心理学のことを指している〕。

## Ⅱ　先験的論理学について

これまで哲学は、悟性＝思惟の「経験的内実」を対象とし、そこで善や悪がどこに起源をもつか、とか、それは快や不快とどう違うのか、といった問題について考察してきた。しかし私がここで考察したいのは、さきに先験的感性論で感性のアプリオリな形式性を考察したように、あくまで、人間の思惟つまり悟性的判断の「アプリオリな形式性」である。

ところで、一ついってておくと、「アプリオリな認識」と「先験的な認識」とは少し意味がちがう。たとえば幾何学の認識はそれ独自のルールの体系であって、現実の経験に規定されないという意味でアプリオリな認識だといえる〔⇓たとえばわれわれは実際に描かれた三角形から、内角の和が百八十度であることを知ることはできない〕。これに対して、「先験的認識」とは、人間の「感性」「悟性」「理性」がアプリオリな形式性をもつことについての哲学的認識を意味するのである。

〔☆⇓原則として「アプリオリ」は、単に「本来」「もともと」「経験以前に」といった意味であり、「先験的」は、人間認識が本来そなえている形式性を考察するカントの哲学的観点と考えればよい。だから「先験的論理学」とは、人間の悟性的判断の能力が本来もつ形式性を取り出そうとする、カント的観点による論理学、ということになる。〕

## Ⅲ　一般論理学を分析論と弁証論とに区分することについて

哲学では、昔から「真理とは何か」という難問がある。そして、「真理とは認識とその対象との一致である」という定義が一般に認められてきた。

だが私の考えでは、この問題については、認識と対象の一致があるかどうかより、むしろ、ある認識が真理だといえるその「標識」は何であるか、ということのほうが重要なのだ。なぜだろうか。

「真理とは何か」という問いをよく考えてみると、「認識と対象の一致」が「真理」であるというこれまでの定義は、ほとんど無意味であることが分かる。というのは、もし「真理」が「認識と対象の一致」によって確かめられるとすれば、われわれが確認できる「真理」はすべて個別的なものになってしまうからだ。

つまりここでは、個別の対象について正しい認識は可能でも、一切の対象に妥当するような認識はありえないことになる。

すると、ほんとうに問題なのは、認識は、いったいどのような条件をもてば正しい認識といえる保証をもつのかということ、言い換えれば、認識が真理であるための普遍的「標識」をどう得るか、ということである。

しかし、まだ注意すべき点がある。

「思惟」が正しくあるための一般条件（一般形式）がはっきりしたとしても、これに適った思惟は必ず真理を導く、というわけではない。つまり思惟（判断）の一般形式は、真理の必要条件であって十分条件ではない。

だが、これまでは、正しい判断形式についての学、つまり古典的な「論理学」が正しい認識の標識とみなされてきた。論理学的に正しい判断であれば真理だといえる、と考えられていたわけだ。

もちろんこれは誤りであって、こういう考えから、論理的な整合性だけで真理性を主張する誤った「弁証論」が登場し、ソフィスト的な詭《き》弁《べん》論というかたちをとって現われたりしてきたのである。

そういうわけで、判断の形式的な一般条件を考察する「分析論」〔⇒いわゆる矛盾律や排中律などの論理法則を扱う〕と、これを真理の十分条件とみなして詭弁論を作る「弁証論」とを区別しておく必要がある。

## Ⅳ　先験的論理学を先験的分析論と弁証論とに区分することについて

ここでわれわれが考察しようとする「先験的論理学」は、判断形式の一般理論としての従来の論理学とはちがったものだ。

これまでの論理学は、主述の形式を分類して、そこから矛盾律や排中律など正しい論理法則を考察してきた。

これに対して、私の主張する「先験的論理学」は、さらに進んで人間の「悟性」と「理性」のアプリオリな形式性をとらえようとするものである。そして、「悟性」のアプリオリな形式性についての考察を「先験的分析論」と呼び、「理性」のアプリオリな形式性の考察を「先験的弁証論」と呼びたい。

人間の認識は、まず「感性」によってとらえられた外的直観（印象）を、「悟性」によってまとめあげて判断し、そのことで経験的対象についての客観的な認識をうる。そして「理性」はこの対象認識を土台として、推論によって認識を推し進めようとする（⇒たとえばわれわれは悟性によって得られた経験的データから、理性の推論によって因果関係や法則を取り出している）。

ところでしかし、人間の「悟性」はしばしばこの原則を忘れ、具体的な感性的な与件（材料）をもたないものにまでこの悟性の判断を適用しようとする。このことで誤った推論を生み出したり、これを意図的に使用することによって詭弁論を生み出すこともできる。「先験的弁証論」は、この悟性と理性の誤用についての根本的な批判論となるだろう。

# 第一部　先験的分析論

「悟性」とは、感性が受け取った外的印象をまとめあげ、概念的な意味として判断する能力である。しかし、ここで考察するのは、あくまで「悟性」のアプリオリな基本形式についての考察である。それを私は「純粋悟性概念」(カテゴリー)と呼ぶ。そのポイントは以下だ。

(1)ここで「カテゴリー」(純粋悟性概念)とは、人間に生得的な、つまりアプリオリな概念的判断の形式性のこと。

(2)「カテゴリー」とは、「悟性」の働きの中心をなす。

(3)「カテゴリー」の根本的区分(これは「カテゴリー表」で示される)は、アトランダムな区分ではなく原理的かつ完全な区分である。

〔☆⇓一つの事物の「何であるか」は、必ずその「分量」「性質」「関係」「様態」という枠組みで認識されるということ。この四つの概念がカテゴリー。たとえば、目の前のリンゴは、一つの、(大きな)赤くて丸い、樹に生った、現実の、リンゴである、といった具合である。」

# 第一篇　概念の分析論

## 第一章　すべての純粋悟性概念を残らず発見する手引きについて

### 第一節　悟性の論理的使用一般について

「感性」は、対象の印象を直観として表象する能力である。「悟性」は直観されたこの多様な表象を、秩序をもった一つの対象の像へとまとめあげ、統合する働きをもつ。つまり「これはこれこれのものだ」というかたちで認識する。だから悟性は「判断」の能力だといえる。
さて、重要なのは、この悟性のもつ本質的な区分を、恣意的な仕方ではなく、原理的に、完全な仕方で取り出すことである。われわれはすでに感性の本質形式を「空間」と「時間」という二契機に区分した。同じように悟性の本質的区分、したがって「先験的な」区分を取り出さなくてはならない。

## 第二節　すべての純粋悟性概念を残らず発見する手引き

まず、人間の判断の枠組みを、これまでの論理学が示す判断形式をもとに、四つの柱とそれぞれ三つの項目で整理して示すことができる。

［⇒これは古典論理学における「〈主語〉は――である」という判断形式を、カント的に整理しなおしたもの。これをもとに対象の判断についての先験的区分である「カテゴリー表」が作られる。］

《判断表》

（1）分量
- 全称的判断（すべてのAはBである）（すべての人は名をもつ）↓包含
- 特称的判断（いくつかのAはBである）（ある人々は日本人だ）↓限定
- 単称的判断（このAはBである）（この人は日本人だ）↓特定・指定

（2）性質
- 肯定的判断（AはBである）（人は死ぬ）死―不死
- 否定的判断（AはBでない）（人は神ではない）神―非神
- 無限的判断（Aは非Bである）（魂は不死である）「死―不死」

（3）関係
- 定言的判断（AはBである）
- 仮言的判断（AがBならば、CはDである）
- 選言的判断（AはBであるか、さもなくばCである）

（4）様態
- 蓋然的判断（AはBでありうる）
- 実然的判断（AはBである）
- 必然的判断（AはBでなければならない）

以下、それぞれについての重要なポイントを記そう。

（1）「分量」について。

これまでの論理学では、単称的判断と全称的判断は区別されなかった。どちらも「Aは

Bである」を示す点では同じとみなされたからだ。しかし「先験的論理学」では、全称判断と単称判断は、ともに対象の「量」(大いさ)についての判断ではあるが、両者はちがう意味をもつ。

(2)「性質」について。

ここでも、これまでの論理学では、無限判断は、「Aは——である」という点で肯定判断の一つとされた。しかし「先験的論理学」では両者は異なった意味をもつ。たとえば、一般には、「魂は死ぬ」(肯定判断)と「魂は死なない」(否定的判断)とは反対の「観念」になる。だがここで、「魂は不死(非—死)である」という無限判断は、形式的には肯定判断だが、その意味はちがってくる。

ここで無限判断は、まずすべての対象を「死するもの」—「不死なもの」という二つの領域に区分して、魂を「不死」の領域に属するもの、という判断をおくのだ。

(3)「関係」について。

「関係」の判断は、つぎの三つに区分される。第一に「主語と述語」の関係。第二に「理由とその帰結」(因果性)の関係。第三に「区分されたものとその選択可能性」(選言性)の関係。

「定言的判断」は「述語」によって「主語」の〝何であるか〟だけを規定する。「仮言的判断」は、たとえば「完全な正義があれば、悪人は罰せられる」という判断で、はじめの命題とあとの命題が「真」かどうかは問題にされない。ただ、両者の因果関係の妥当性だけが問題とされる。「選言的判断」は、二個以上の命題の対立関係を含む（AかBかCか……）。ここでは、因果的関係ではなく、むしろ「論理的対立」の関係が示される。

たとえば「世界は偶然的に存在しているか、内的必然性によって存在しているか、あるいは外的必然性によって存在しているのかのいずれかである」といった命題では、世界の存在理由の〝すべての可能性〟が示され、互いに対立しながら、しかし全体としてはある「真理性」を提示している。

（4）様態について。

「様態」の判断は、対象の「何であるか」ではなく、いわば対象の存在の「現実性の度合い」にかかわる。

「蓋然的判断」は、存在する可能性があるということ。たとえば先の「完全な正義があれば、悪人は罰せられる」という判断は、絶対的ではないがそうなる可能性（蓋然性）はあるわけだ。

「実然的判断」（「確証的判断」とも訳される）は、事態の現実性を確証する判断である（いま目の前にたしかに机がある）。

「必然的判断」は、事実や現実性を確証する実然的判断をさらに必然的理由をもつとみなす判断で、アプリオリな断定をもたらす。「目の前に机がある」は偶然的な事実だが、「机が何らかの物質からできている」というのは必然的な判断である。

## 第三節　すべての純粋悟性概念を残らず発見する手引き（つづき）

### 純粋悟性概念すなわちカテゴリーについて

さて、これまでの論理学は、さまざまな認識の内実は捨象して、判断の「形式性」だけを区分し、分類するものだった。主述構造、否定─肯定、単称─全称といった具合に。これに対して、「先験的論理学」では人間の認識能力を「感性」と「悟性」とに明確に区分することから出発する。

もういちど確認しよう。「感性」は、直観から入ってくる多様な印象を受けとる能力。「悟性」は、この多様な印象という素材をまとめあげ（綜合し）、一つの認識、判断にもたらす。このとき、感性の多様なものをまとめあげて悟性の判断に媒介するものを「構想力」と名づける。

ただ、このうち数学の認識の場合は、素材は経験的なものではなく数や記号といった

「アプリオリ」なものなので、ここでの「綜合」(まとめあげ)は「純粋綜合」と呼ぶことにしたい。

ところで、この数学的な「純粋綜合」では、経験的なものが含まれていないので、われわれはこれをモデルとして、対象の多様を受け取りこれを綜合して判断にもたらす認識一般の「基本構造」を、「純粋悟性概念」というかたちで取り出すことができる。

たとえばいま、幾何学的な認識、つまりアプリオリな認識をおこなう場合を考察すると、これをつぎのような三つの基本的段階に区分できることが分かる。

① 多様な純粋直観の受け取り。つまり、直線、線分、角度、垂線といった概念的対象を直観的に把握する。

② 構想力によるこの直観の純粋な綜合(まとめあげ)。たとえば、三本の線分から三角形を構成する。

③ 最後に、この「純粋綜合」による数学的対象を、概念的な判断にもたらす「綜合判断」。たとえば「内角の和は二直角となる」。

このように、アプリオリな認識(数学的な認識)では、まず①対象の直観的受け取りがあり、②これを構想力がまとめあげ(綜合)、最後にそれを「綜合判断」する悟性の働きによって、認識が仕上げられる。そして、感性的な事物(リンゴや机など)の認識の場合でも、基本的にはこれと同じ構造が存在すると考えてよい。

こういう発想によってわれわれは、事物の認識をアプリオリに（無条件に）規定している「純粋悟性概念」を、先にあげた論理学的な「判断表」に即して、それと同じ数だけ取り出すことができる。つまり、「純粋悟性概念」は、つぎの表でつくされていると考えてよい。

そしてわれわれは、この判断の根本的枠組みを、アリストテレスにならって「カテゴリー」と呼びたい。

《カテゴリー表》

《数学的カテゴリー》……数学的直観と経験的対象の直観的把握にかかわる

（1）分量
- 単一性
- 数多性
- 総体性

（2）性質
- 実在性
- 否定性
- 制限性

《力学的カテゴリー》……対象の存在様式にかかわる

（3）関係
- 自存性と付属性（実体性と付属性）
- 原因性（因果性）と依存性（原因と結果）
- 相互性（能動者と受動者との間の相互作用）

（4）様態
- 可能性と不可能性
- 現実存在と非存在
- 必然性と偶然性

これが人間の認識「判断」のすべての基本形式を示した表だが、なにより大事なのは、この四項目と三分岐のカテゴリー表が、アトランダムに寄せ集められたものではなく、原理的なかつアプリオリな必然性をもつということだ。アリストテレスは十のカテゴリーを立てたが、じゅうぶんに必然的なものとは言い難い〔⇓アリストテレスの十のカテゴリーは以下。実体、分量、関係、性質、場所、時間、位置、状態、能動、受動〕。

## カテゴリー表についての注

以下、カテゴリー表についての、注をいくつかおいておく。

まず、はじめの二つ、分量と性質は、当然ながら、対象の具体的認識、つまりそれが「どのような事物であるか」の認識にかかわる。すなわち対象の大きさや質の度合いを示すものだからこれを「数学的カテゴリー」と呼ぼう。

これに対して、あとの二つ、関係と様態は、対象の〝存在の仕方〟にかかわるので、これを「力学的カテゴリー」と呼ぶ。ここではカテゴリーは、「――と――」という対概念のかたちをとる。

つぎに、四つの項目は、それぞれまた三つのカテゴリーをもつが、それぞれの第三のカテゴリーは、第一カテゴリーと第二カテゴリーの結合から生じていると考えてよい。たとえば、「総体性」は、単一性とみなされた数多性、「制限性」は、否定性と結合した実在性、といった具合だ。

また、「関係」の第三項目の「相互性」は、《判断表》の「選言的判断」との対応があまり明確でない。しかし「選言的判断」というのは、それぞれの項目の相互的な規定関係といえるので、この点で「相互性」をもつのである。

スコラ哲学では、「およそ絶対的に実在するもの〔⇓神のこと〕は、一者、真、および善である」という命題がある。この命題はいまでは空疎なものに見えるが、「純粋悟性概念」と一定の対応関係をもっている。

つまり、この「一者、真、善」の概念は、じつは「分量」の「単一性、数多性、総体性」にもとづいている。こういった古い「単一性、真理性、完全性」の概念も、カテゴリーの概念をおくとその意味をよく理解できるものになる。

# 第二章　純粋悟性概念の演繹について

## 第一節　先験的演繹一般の諸原理について

法学者は、事実問題と権利問題を区別し、まず権利問題として、使用や占有の権利の正当性を証明しようとする。これと同じく、われわれも「純粋悟性概念」が人間の認識能力としてアプリオリなものであることを、一つの権利問題として証明してみよう。私はこれを純粋悟性概念の「先験的演繹」(先験的な証明あるいは解明)と呼びたい。

「時間・空間」という感性的直観の形式性がアプリオリなものであることの解明は、われわれにとってそれほど困難ではなかった。しかし「カテゴリー」(純粋悟性概念)がアプリオリな形式性であることの解明は、そう簡単ではない。カテゴリーは、時間・空間とはちがって、事物対象が与えられる基本形式が、誰にも明示されているわけではないからだ。

そこでここではわれわれは、**『思惟の主観的条件が、いかにして客観的妥当性をもつのか、言い換えれば、一切の対象認識の可能性の条件となるのか』**(122)、すなわち、われわれの主観的認識が、客観的にも正しい認識となるには、認識はどのような基本の条件と構造をもたねばならないか、という問いに答えなければならない。

たとえば「原因」という概念を考えてみよう。

「AはBから生じる」という事態を経験するとき、ヒュームによると、「原因」の概念は事物それ自体に存在するのではなく、この事態が何度もくりかえされることでわれわれがそれを「原因―結果」という概念で結びつけるのだという。

しかし、これでは「原因」の概念は単なる蓋然的なものでしかありえないだろう。「原因」の概念を、絶対的に必然的な結合として考えるかぎり、この必然性は経験的な反復からはけっして形成されない。

だからわれわれは、厳密な意味での「原因」という概念が、アプリオリなものとして

「悟性」自身のうちに存在していると考えざるをえない。

## カテゴリーの先験的演繹への移りゆき

さきに述べたように、ここで問題なのは、主観的な判断ではなく、「客観的判断」、つまり必然的な判断が成立するためには「悟性」はどういうものでなければならないか、ということである。

すでに先験的感性論で詳しくみたように、感性のアプリオリな形式は、時間と空間である。そしてわれわれは「悟性」におけるアプリオリな形式を「カテゴリー」としておいた。この場合注意すべきは、時間・空間が、経験から導かれた概念ではなく、むしろ経験的な直観を可能にする「条件」であるということだ。

これと同じく、諸カテゴリーも、経験から取り出されるのではなく、経験的判断を可能にする根本条件とみなされるべきなのである。

ロックとヒュームは、人間の経験的認識を可能にする諸「概念」が、いかに経験から成立するかを、内省的、経験的な観察によって取り出して示そうとした。それは哲学的に大きな功績ではあったが、彼らは、この課題が「先験的な演繹」を必要とすることを十分に理解していなかった。そのため彼らは、一切は蓋然的である、という経験主義的な懐疑論にゆきつくことになった。このことをよく確認しておく必要がある。

## 第二節　純粋悟性概念の先験的演繹

### 結合一般の可能について

事物の認識において、「感性」は、多様な表象（印象）を受け入れるが、これをまとめあげる能力はない。そこで「悟性」がこの多様なものを結びつけ、まとめあげる。多様なものをまとめる悟性のこの能力を「綜合」と呼ぶ。われわれが認識したものを「分析」できるのは、悟性が多様なものをあらかじめ「綜合」しておいたからなのだ。

さて、「悟性」は多様なものを「綜合」するだけでなくこれを「統一」して一つの「判断」にもたらす。たとえば、ある事物を「単一のもの」と判断できるのはまず多様なものが一つにまとめあげられる（「統一」される）ことで、「カテゴリー」がその対象に適用されるからである。

すると、対象を認識する根本の能力として、多様なものを綜合しこれに判断を与えるカテゴリーの能力だけではなく、この綜合と判断ということをつねに可能にする、もう一つ上位の意識の「統一」の根拠を想定すべきであろう。

ようにいってみよう。

### 統覚の根源的――綜合的統一について

カテゴリーのさらに上位に想定されるべき意識の根拠を、私はつぎのようにいってみよう。

**『「私は考える」という意識が、私の一切の表象に伴いうるのでなければならない』**（Das: Ich denke, muß alle meine Vorstellungen begleiten können;（131））

どんな認識（判断）にも伴いうる、この「私は考える」を、私は「根源的統覚」あるいは「純粋統覚」と呼びたい。

誰にも理解できるはずだが、もしこの「統覚＝私は考える」がなければ、およそ意識の統一ということが可能でなく、したがって認識ということ自体が不可能である。

この「私は考える」という統一の意識は、悟性の綜合とはまた異なった意識の自発的な能力だが、人の意識に必ず属しているものであり、この意味でこれを、「先験的統覚」と呼んでよい。

もし私が、さまざまな直観、表象、概念などをつねに「自分のもの」として綜合することができなければ、自らそれを「分析」することも不可能である。また、もしこの統一の能力を欠くなら、私は「一つの自己」ではなく、分裂した自己をもつことになる。

この意識の根源的統一の能力は、いうまでもなく経験的にえられた能力ではなくて、人間の「悟性」が本来的にもつ能力と考えるほかはない。したがって、**『この統覚の統一という原則こそ、一切の人間認識の最高原理である』**（135）といって過言ではない。

統覚の絶対的な統一性は、これを命題の形にすれば、「私の一切の表象は、つねに私の表象である」となる。

「自我」は一つの自己の表象像だといえるが、「自我」が多様な表象をもっているのではなく、むしろ、多様なものがつねに「私の表象」として統一されているのであり、この意識がわれわれに「自我」の感覚を与えている。この自我についてのアプリオリな意識を、私は「統覚の根源的統一」と呼ぶ。

**統覚の綜合的統一の原則は一切の悟性使用の最高原則である**

「感性」の最高原則は、多様な直観が時間・空間という形式性にしたがうということであり、「悟性」の最高原則はまとめあげられた直観が統覚の根源的統一にしたがうことによってカテゴリーの適用を受ける、ということだった。この「統覚の先験的統一」がなければ、どんな判断も自分の判断として構成されない。

たとえば、われわれが一本の線を引きつつこれを認識するとき、「自分がこの線を引いている」という意識がなければ、線の概念が一つの認識として成立しない。つまり意識の「先験的統一」こそは、一切の認識の客観的条件なのだ。

これを命題として示せば、**『私に生じた一切の直観＝表象は、私がそれらを〝私の表象〟として自己同一性にもたらすための条件に**（略）**したがわねばならない』**（138）ということになる。

## 自己意識の客観的統一とは何かということ

統覚の先験的統一は、われわれが対象を客観的に認識するための絶対的条件だから、これを自己意識の「客観的統一」と呼ぼう。これに対して、内感にやってくる直観の多様性の統一は、自己意識の「主観的統一」と呼んでこれと区別したい。

意識＝内感の経験的な統一は、多様な表象を「連結」するだけのものであって、ただ主観的妥当性をもつだけだ。これに反して、感性的な時間と空間の意識がつねに「私は考える」という先験的統覚によって統一されていることは、外的対象が客観的存在として認識されることの根拠なのである。したがって、およそ客観認識のあるところ必ず「先験的統覚」が存在する、といわねばならない。

**およそ判断の論理的形式は、判断に含まれる概念に統覚の客観的統一を与える**

これまでの論理学は、「AはBである」という主語と述語の関係を重視したのだが、これでは定言的判断しかうまく扱えず、「仮言的判断」（Aならば、Bである）や「選言的判断」（Aか、Bか、Cかのいずれか）の理解は不十分になる。しかももっと大事な点は、定言的判断の場合でも、主語と述語の「関係」の本質を正しく理解できないということだ。

われわれの立場からは、「AはBである」という判断がすでにカテゴリーの枠組みによってなされる。このことがもつ意味は重要である。

たとえば、われわれは経験的には「ある物体を手にもつと重く感じる」という感覚をもつ。しかしこれは主観的判断にすぎない。これをたとえば「実体」のカテゴリーによって、「この物体は重さをもつ」という形式として認識するなら、この外的な対象は、主観的な感覚ではなく、一つの「客観的な対象」として認識されているわけである。

こうして、悟性における「カテゴリー」や「統覚」という先験的な仕組みが、事物対象の客観的な認識をに可能にしているのである。

**およそ感性的直観は直観の多様が結合されて一つの意識となる条件としてのカテゴリーに従う**

これまでの確認。感性による多様な表象は、直観的なもの（事物）であれ、概念的なもの（数学など）であれ、まずまとめられ、そして悟性において統覚のもとに統一されることで、客観的な「判断」となる。われわれはこの統一のアプリオリな形式性を、「純粋悟性概念」と呼ぶのである。

**注**

「カテゴリー」はあくまで人間の悟性の原則であって、すべてを直接に認識する神の悟性では、このような「綜合」は不必要だ。

ただ一つ注意しておきたいことがある。それは、人間にとって、感性による多様な直観の受け取りと悟性によるその綜合は、対象の認識にとって不可欠のプロセスだが、人間の観念がなぜそういう仕組みになっているのかは、われわれは決して知りえないということだ。

さらにいえば、なぜ感性は時間・空間という二つの根本形式をもつのか、なぜ人間の悟性が、ある一定の数のアプリオリなカテゴリーをとおして統覚の統一を構成するのか、これについてもわれわれは知りえない。しかし重要なのは、この形式性がアプリオリであり絶対的であることは、われわれは必ず知ることができるということである。

## カテゴリーは経験の対象に適用されるだけでそれ以外のものの認識には適用されえない

さらに、つぎの点にも注意しよう。

くりかえしみたように、悟性は「カテゴリー」によって対象の客観存在を判断するが、そのために、対象における直観の多様性という「素材」を必ず必要とする。

感性的直観には二種類のものがあった。一つは経験的直観で、事物対象の印象であり、もう一つは、数学的な概念の直観である。これはわれわれが時間・空間についての「純粋直観」をあらかじめもつために、可能となっていた。

さてしかし、「数学的」な概念や計算は、まだ「思惟」であって、対象の「認識」とはいえない。数学的概念は、それと具体的な現実的対象との妥当な対応が確認されることではじめて、「客観的認識」と呼べるものになる。ここからつぎのことが分かる。

悟性の「カテゴリー」は、経験的な直観に適用されてはじめて対象についての妥当な「認識」となるということ。つまり、「カテゴリー」は、あくまで経験的対象を客観的に認識するための前提条件であって、それだけでは、〝経験を超えた対象〟の認識を可能にするものではではない、ということである。

いま述べたことは、これからの議論にとってきわめて重要な意味をもっている。

いまみたように、「カテゴリー」が経験的直観にではなく数学のような概念的な直観に適用されても、それは概念の理解はもたらすが、それだけでは対象の客観的な「認識」をもたらすわけではない。しかしにもかかわらず「悟性」は、しばしばこの点について〝勘違い〟をする。

たとえばわれわれは、「点」は（あるいは「神」という存在は）、「延長をもたない」、とか「時間的持続をもたない」といった「判断」をカテゴリーによってもつ。この判断は、概念としては、たしかに妥当な判断といえるだろう。

しかし、このときわれわれは、ただ「〜ではない」「〜でもない」という仕方で対象を規定しているだけで、対象の具体的な客観性については何もとらえていない。ここでは、ある概念についての「思惟」があるだけで、それについての客観的な認識は存在していないのだ。

## 感官の対象一般へのカテゴリーの適用について

これまで、人間が対象を認識する二つの大きな装置として「感性」と「悟性」について述べてきたが、つぎに考察したいのは、この感性と悟性の結びつきについてである。ここで「構想力」という概念がキーワードになる。

右でみたように数学や抽象的な概念についての認識は、具体的認識というより知的な「思惟」だから、われわれはこれを悟性の「知性的綜合」と呼ぼう。これに対して、感性的な直観を素材とした具体的な対象の認識は「形象的綜合」〔⇓具体的なかたちを認識する〕と呼びたい。

両者の違いは、「形象的綜合」では、「構想力」の働きが感性と悟性を媒介して、事物の具体的認識を成立させるという点にある。

構想力 Einbildungskraft とは、もともとは、対象が現に存在していなくてもこれを直観的に表象する能力であって、感性に属するものと考えられる。しかし、ここでの構想力は、感性的な直観をまとめあげてカテゴリーに媒介するものだから、悟性の作用だともいえる。

このような多様な直観をカテゴリーに媒介する働きをする構想力を、私はいわゆる構想力、つまり連想によって像を生み出す想像力と区別するために、「産出的構想力」と呼ぶ。

〔☆⇓ここでの構想力が、感性の原理なのか悟性の原理なのかは、カントの言い方ではやや微妙。しかし要点は、感性と悟性を結びつける働きとして「産出的構想力」が想定され、これもまたアプリオリ＝先験的な能力だとみなされていること。〕

さて、ここで、「私の表象」についての一つの哲学的逆説＝パラドクスについて考察してみたい。

理論的には、思惟している「私」と、内感によって直観された「私」、言い換えれば「思惟する私」と「思惟された客体としての私」とは別のものであるはずだ。しかし、われわれはふつうこの二つの「私」を「同一の私」とみなしているが、これはなぜなのか。すなわち、「私は、いかにして、思惟する私と思惟される私を一つのものとして考えることができるのか」。

まずいえるのは、われわれは「客体としての私」を自分の内感によって認識するのだが、これは他の外的対象（事物）と同じく、あくまで感性として入ってきた多様なものを悟性によって綜合することで認識される。つまり認識対象としての「私」は、他の経験的対象と同じく一つの「現象」として認識されるのである。

これに対して、思惟する「根源的統覚」としての「私」は、「客体としての私」、つまり「現象としての私」ではない。しかし、かといってそれは、「あるがままの私」（＝物自体としての私）であるともいえない。

「根源的統覚としての私」は、ただ「私は存在する」という意識としての「私」であり、この「私」の表象は自己自身についての純粋な「思惟」それ自体である。だから「統覚」

としての「自己意識」は、客体としての「自己」の認識とはいえない。

こうして、われわれは三種類の「私」をよく区別しておく必要がある。一つは、「客体（現象）としての私」。一つは「思惟する私」という純粋な意識、そして最後に、「物自体としての私」である。われわれは、「客体（現象）としての私」は内感によって直観できるが、「思惟する私」はただ直接な意識としてある。そして、「物自体としての私」は決して認識できないのである。

## 純粋悟性概念の一般的に可能な経験的使用の先験的演繹

われわれはすでに、数学の例で、論理的、概念的な思惟がカテゴリーにしたがってのみ可能となることをみてきた。そこでここでは、他の一切の経験的対象の認識もまた、アプリオリなカテゴリーの働きによって可能であることを確認しよう。

たとえば、私が一軒の家を知覚するとき、まず空間的な多様な印象を「綜合」することでこの家の全体の大きさや形を把握する（扉、壁、塀、屋根、ベランダなどをまとめる）。また私は、カテゴリーによって、この家の一定の大きさや形を「分量」としても認識する。

もう一つ、別の例をあげよう。水の氷結ということを知覚する場合、私は、知覚それ自体としては二つの状態、つまり水＝液体と、氷＝固体とを、べつべつにとらえる。しかし時間的には、はじめ液体だったものがある条件で個体に変化した、というふうに、これを「一つの同一物」の時間的変化とみなす。このときわれわれは、この現象を、カテゴリーの「原因―結果」という時間的関係の原則のなかで把握しているわけである。

このように、われわれの事物認識は、必ず「感性」による「覚知的綜合」(前には「形象的綜合」と呼ばれた)と、悟性による概念的判断との組み合わせによって可能になっている。

さて、このことが意味するのは、第一に、われわれの自然認識は、必ず感性の時間・空間の形式と、悟性のカテゴリーという形式にしたがっているということ。第二に、「カテゴリー」こそが、自然対象がわれわれに現われ出る(現象する)仕方に一定の規則を与えている、ということである。

これを逆にいえば、「自然法則」というものは自然それ自身がもっているのではなく、じつは、われわれのカテゴリーが自然の〝現われ方〟の規則を規定し、それが「自然法則」として認識されているということである。言い換えれば、自然法則は、自然それ自身がもっているものではなく、人間の悟性が自然に与えているということになる。

しかしこれは奇妙な矛盾ではないだろうか。

これについてはつぎのように考えるべきである。われわれの自然の経験と認識は、「物自体」としての自然の経験と認識ではなく、あくまで人間の感性と悟性の形式を通して現われた、「現象としての自然」の認識なのである。こうして、「物自体」としての「世界それ自体」は、原理的にわれわれの経験と認識を超え出たものなのだ。

### 悟性概念の先験的演繹から生じた結論

ここに、もう一つの哲学的難問が現われる。われわれの経験的認識はアプリオリな感性と悟性の形式に依存する。だとすれば、経験的認識とその対象との「一致」は、どこに根拠をもつのだろうか〔⇒これが、いわゆる主観と客観の「一致」の問題。対象と概念の一致の問題ともいわれる〕。

この問いに対する根本的な答えの可能性は、二つしかない。つまり、経験が概念を可能にしているのか、あるいは概念が経験を可能にしているのかと考える以外にはないのだ。そして、われわれの考察からは、前者は決して成立しえず、ただ後者の考えだけが妥当である。

われわれはしばしば経験から概念が取り出されるのだと考えるが、じつはわれわれのうちのアプリオリな概念の形式(＝カテゴリー)こそが、認識一般を可能にしているのである。ただし、もう一つの可能性を提案する人もいる。つまり認識と対象の「一致」は神によって仕立てられたものであり、われわれの経験的認識は自然法則とおのずと合致するように「予定調和」的に作られているというのだ〔⇒マールブランシュなどの説〕。

しかしこのような説は、認識問題を検証できない仮説の沼のなかに投げ捨ててしまうものであって、そう考えるなら、もはやわれわれは認識についての根本的な学を廃棄するほかはない。

### この演繹の要約

こうして、「純粋悟性概念」（カテゴリー）および、「統覚」の先験的統一こそは、時間・空間という感性形式による対象の綜合を可能にし、そのことでわれわれの一切の経験を可能にするアプリオリな原理である。ここでわれわれはその解明（演繹）を終えた。

## 第二篇　原則の分析論

ここまでわれわれは、人間が事物を認識する基本構造を、「感性」における「時間・空間」という形式性、「悟性」のカテゴリー、統覚のアプリオリな構造として考察してきた。ここからはさらに、高級認識能力としての「悟性」を「悟性」「判断力」「理性」に区分し、それぞれのアプリオリな構造についての考察に踏み込もう。

　ここで考察するのは、あくまで感性的直観を素材とする「悟性」と「判断力」の使用のアプリオリな「原則」であり、これは対象についての「客観認識」の規準となるものだ。したがって、この「原則論」を「真理の分析論」と呼んでよい。また、経験的対象を正しく判断する人間の「判断力」の使用法の原則でもあるので、「判断力の理説」と呼びたい。

〔☆⇒これまでたどってきた人間の認識能力の大きな基本構図を図にすると以下になる。〕

〈感性〉（先験的感性論）
- 感性的直観……時間・空間の形式性　感覚的印象
- （構想力）→多様な印象の結合（まとめあげ）

〈悟性〉（先験的論理学）
- 「悟性」……概念（カテゴリー）・先験的統覚という形式性
- 「判断力」……判断（原則）
- 「理性」……推論

## 緒言　先験的判断力一般について

まず、ここでの「判断力」とは、与えられた対象がどのカテゴリーにあてはまるかを判断する能力を意味する。

これまでの論理学では、「判断力」は、ただ優れた判断のための一般的な心得としていわれていたにすぎない。しかしわれわれの先験的論理学は、判断力が対象を正しく概念的に判断するその「原則」を扱う。つまり、カテゴリーによる判断の基本的区分を対象に適用する、そのアプリオリな原則のありようを考察するのだ。

それは、大きくつぎの二つに区分される。

第一章、感性の多様な直観が「カテゴリー」に適用される仕方を論じる、純粋悟性の「図式論」。

第二章、個々の判断が綜合的に判断されるその根本原則、すなわち「純粋悟性の原則」論。これによって、カテゴリー使用における誤用や逸脱を明確に示すことができ、詭弁や誤謬《ごびゅう》推理を批判することができる。

## 判断力の先験的理説（或は原則の分析論）

### 第一章　純粋悟性概念の図式論について

感性による直観は、悟性のカテゴリーによって概念的な判断にもたらされるが、しかしこのとき、直観としての「対象」を概念としての「判断」につなぐ、何らかの媒介項が必要である。

たとえば、「皿」という概念は、その感性的な円《まる》さが「円」という幾何学的概念とつながっており、そのことで、皿は丸い（円形）という判断が成立する。このように、われわれが何か具体的な対象を概念的な判断としてとらえられるのは、いわば概念が一定の感性的イメージに媒介されるからである。

これを私は「図式」と呼びたい。「図式」は、前にみた「構想力」（想像力）の所産であって、概念を像化（イメージを与える）する力をもっている。

たとえば、私は五つの点を・・・・・と打って示す。これは概念を感性的に具体的にイメージ化することだ。しかし千や一万などの大きな数は、こんな風には形像化できない。しかし構想力は、この形像化できない概念を何とか表象可能なものにしようとする。それが「図式」である〔⇓われわれは十なら具体的なものとしてイメージ化できる。しかし千や一万以上になると直観的にイメージできない。そこで、十の十倍が百、百の十倍が千、十の千倍が一万というような仕方でこれを表象するほかない〕。

数学的な例をとってみよう。たとえば、二等辺三角形、正三角形なら、数学的規定があるので誰でも共通の仕方で形像化（イメージ化）できる。しかしただの「三角形」の概念は、特定の規定がないために誰にも共通なものとして形像化が難しい。こういう場合、ただの「三角形」の概念は「図式」としてだけ表象できる。

またたとえば、「犬」という概念は、「四つ足、わんわん吠える。人間になつく」、といった一定の規則の束としてその「図式」をもっている。こちらは「感性的概念の図式」である。

さて、いま挙げた「感性的概念の図式」に対して「純粋悟性概念」（カテゴリー）それ自身の「図式」を考えることができる。しかし、「カテゴリー」自身と感性的な対象の直観のあいだには、たとえば、「犬」の概念と「犬」のイメージのような表象的な共通性がない。これがここで考えねばならない問題、つまり「判断力の先験的図式論」である。

〔☆⇓たとえば、皿や犬、三角形などの直観は、円や四本足や三辺といった「概念」自身が含んでいるイメージ性に媒介されて、「概念」へと架橋される。ところが、皿や犬の直観的像は、「量」「質」「因果性」や「現実性」の概念とはなんら共通性をもっていない。しかしわれわれは、それらを、必ず一定のカテゴリーのもとで認識している。たとえば、「この一枚の皿は、いま私が机の上に置いた、現実存在する皿である」という具合に、量、因果性、現実性においてその存在が認識される。なぜこれが可能なのかを解明することがここでのテーマである。〕

あらかじめいえば、ここで多様な直観とカテゴリーとを媒介するものの本質を、私は「時間性」だといおう。

「時間」は、感性の「形式性」であるという点で「カテゴリー」と共通項をもつ。しかしまた時間は、多様な経験的対象のうちにつねに含まれているという意味で、現象とも共通項をもつ。このため時間は、両者の媒介者となることができるのだ。

こういうわけで、われわれはこの感性的対象を概念につなぐもののアプリオリな原則を「純粋悟性概念の図式論」と呼ぶことにする。

〔⇓カテゴリー表を参考に示すが、＊の箇所の「図式」がそれぞれ解説されている。〕

《カテゴリー表》

（1）分量①
- 単一性
- 数多性
- 総体性

（2）性質②
- 実在性＊
- 否定性
- 制限性

（3）関係③
- 自存性＊と付属性（実体性と付属性）
- ④原因性＊（因果性）と依存性（原因と結果）
- 相互性（能動者と受動者との間の相互作用）

（4）様態
- ⑤可能性＊と不可能性
- ⑥現実存在＊と非在性（非存在）
- ⑦必然性＊と偶然性

①まず、「分量」というカテゴリーの「図式」は「数」である〔⇓われわれはリンゴや皿の量や大きさを、その単位の「数」によってより明確にイメージできる〕。

②「性質」における「実在性」の図式は、時間的な「変化」である〔⇓対象の質の度合いの変化。たとえば、昼になるとだんだん事物はその明るさを増し、またものの温度は上がってゆく〕。

③「関係」における「実体性」(自存性)の図式は、時間における「常住不変性」(恒存性)である〔⇓エネルギー恒存の法則と同じ。実在するものは完全に消滅することはない、という原則〕。

④おなじく「関係」における「原因性」の図式は、ある法則(因果の規則)にしたがった「継起」である。

⑤「様態」における「可能性」の図式は、その存在がまったく不合理ではないこと。

⑥「様態」における「現実性」の図式は、ある一定時間に存在しつづけていること。

⑦「様態」における「必然性」の図式は、あらゆる時点で対象が現実的に存在していること。

こうみると、カテゴリーの「図式」とは、対象を「時間」のスパンのなかで概念化したものだということが分かるだろう。

それを大きくつぎのように整理することができる。

分量の図式……対象の時間的な広がりの綜合
性質の図式……対象の感覚的現われの時間的変化
関係の図式……対象の時間的変化の総括
様態の図式……対象の時間的な存在、またその持続可能性

# 第二章　純粋悟性のすべての原則の体系

## 第一節　一切の分析的判断の最高原則について

判断一般を考えるとき、まず区別しておくべきは「分析的判断」と「綜合的判断」の区別である。

主語のうちに述語の概念が含まれているような判断は分析的判断であり、これはつねに正しいといえる〔⇓独身者は結婚していない〕。これに対して、「綜合的判断」は、別の判

断が綜合されて、はじめて判断の正しさが保証されるような判断をいう〔⇓昨日は雨だった」。

われわれはふつう「矛盾律」や「排中律」〔⇓「AでありかつAでない」や「AはBでもあり非Bでもある」は不可能〕を真理の絶対的な条件として考えるが、これはあくまで分析的命題においていえるので、綜合命題ではいえない。

たとえば、「無学な人は学問がない」という昔のキベンがあるが、これは分析的命題としては正しいが、「綜合的命題」として考えれば必ずしも正しいとはいえない。無学な人間も勉強すれば学を身につけることができるからだ。ある分析的命題も時間的なスパンのなかでみると、綜合命題となりうるのだ。

〔☆⇓もう一つカントで重要なのは、「アプリオリな綜合判断」。これは、異なった知見を綜合することで知識を拡張しながら、しかし同時にアプリオリにも真といえるような判断。たとえば数学の正しい命題や、また因果律に代表される自然科学上の基本原理もそうだというのが、カントの主張。カント哲学では、「アプリオリな綜合命題」は重要な役割をはたすことになる。〕

＊事象の綜合判断の構図

| | |
|---|---|
| 〈悟性〉 | 「カテゴリー」概念区分 |
| 〈構想力〉 | 「図式」 |
| 〈感性〉 | 「感覚素材」（空間・時間の秩序） |

---

「根源的統覚」

## 第二節　一切の綜合的判断の最高原則について

みたように、これまでの「論理学」は、ただ主語と述語の概念的な整合性を確認するだけだから、「綜合的判断」がどういう条件で正しい認識となるかを本質的にとらえることはできない。まさしくこのために「先験的論理学」の重要な意義がある。

私は、「綜合的判断」が正しい認識となるためには、つぎのような三つの基本条件を考慮にいれる必要がある、といいたい。

（1）内感の根本形式としての「時間」という条件

（2）直観的表象を図式的に綜合する「構想力による図式」

（3）「統覚」によるこの綜合の統一

われわれは、これまで時間・空間という感性の形式性、カテゴリーという悟性の形式性を確認してきた。しかし、じつはこれだけでは正しい認識は成立せず、構想力の図式という条件を必要としている。

つまり、われわれは、どんな対象の経験をも、

（1）時間という形式にしたがって順序づけてまとめる。

（2）「構想力」（あるいは図式）によってこれを綜合し、カテゴリーに適用する。

（3）それをつねに「自分の経験」として統一的に把握する。

したがって、一切の綜合的判断の最高原理を、つぎのように言い表すことができる。

**『一切の対象の認識は、可能な経験における直観の多様性を綜合的に統一するための必然的条件**〔⇓直観の形式・カテゴリーによる統一・先験的統覚・構想力による図式〕**に従う』**（197）と。

〔☆⇓ここでいわれていることを示すと、前頁の図のようになる。〕

## 第三節　純粋悟性のすべての綜合的原則の体系的表示

多様な直観がどのような仕方（原則）でカテゴリーの適用を受けるか、これがここでの「純粋悟性の原則」の考察である。そこで、分量・性質・関係・様態という四つのカテゴ

リーのそれぞれについて、その適用の原則を論じる。

分量、性質、関係、様態のカテゴリーの原則は、それぞれ「直観の公理」「知覚の先取的認識」「経験の類推」「経験的思惟の公準」と名づけられる。大きな構図は以下のようになる。

（1）直観の公理（「分量」の原則）
（2）知覚の先取的認識（「性質の原則」）
（3）経験の類推（推論）（「関係の原則」）
A　実体は不変であるという原則
B　すべての事物は因果法則にしたがうという原則
C　すべての事物は同時に並存するという原則
（4）経験的思惟の公準（「様態の原則」）
A　可能的
B　現実的
C　必然的

（1）直観の公理（大きさ＝外延量）

原則：「直観はすべて外延量である」〔⇓どんな事物対象の直観も、必ずある一定の量（大いさ）として認識される〕

事物対象は、必ずある大きさ（空間的な延び広がり）をもったものとして経験される。この「事物の大きさ」は、いわばある知覚の連なりが時間的に延長され、それが綜合されることではじめて可能になっている。

また、われわれが頭のなかで一本の直線を引くとすると、必ずある一点から線の部分を順に延ばしてゆくほかはない。ここでも線の部分の時間的な継続的伸張が空間的な広がり（延長）を作り出しているわけで、まったく同じ原則にのっとって認識が可能になっていることがわかる。

つまり、あらゆる現象は、時間、空間という基本形式のうちで統合され、そのことによって事物は必ず一定の広がり、大きさ、つまり「外延量」をもったものとして現われる。これが「外延量」の原則である。

（2）知覚の先取的認識（性質……性質の度合い）

原則：「およそ現象においては感覚の対象をなす実在的なものは、内包量、すなわち

「度」をもつ」〔⇓どんな事物的対象も、必ず一定の質的な感覚の度合い、つまり「度」＝内包量の知覚をもつものとして認識される〕

どんな対象も、たとえば視覚的には色合いや明るさ、触覚的には熱さや触感といったぐあいに、何らかの「質」（性質）として知覚される。またこの「質」は必ず一定の「度」（度合い）をもつ。つまりある強さから徐々に低減していって完全に消え去るまでの感覚の「度合い」（強度のグラデーション）をもつ（ただし、百枚の金貨といった場合のように、一定の「単位」の集積体として認識されることもある）。

また、この度合いの変化というものが、経験の時間的なつながりによって可能となっていることはすぐに分かるだろう。

これが、あらゆる事物知覚は連続的な「質」をもつという原則である（質の先取的認識）〔⇓これはカントによる「感官知覚」の絶対的なアナログ性（非デジタル性）の原理」といってよい〕。

（3）経験の類推（関係……実体性、原因結果、並存性）

原則：「経験は知覚の必然的結合の表象によってのみ可能である」〔⇓ある事態の認識は、個々の知覚を何らかの〝必然的な関係〟として結びつけることではじめて可能となる〕

たとえば一個の対象（リンゴ）を、われわれは、上から、そして横から、下からというふうに多くの知覚としてもち、それらが綜合されてはじめて「一つのリンゴ」として認識される。同じように、一個のリンゴが地面に落下するのを認識するには、いくつかの知覚がある必然的な関係として結合されねばならない〔⇒たとえば手の中にあるリンゴ、空中にあるリンゴ、地面にあるリンゴを知覚し、それぞれが同じ対象における進行する順序として結合されることで、それは、リンゴの落下として認識される〕。

肝心な点は、まず知覚それ自体はこの「結びつけ」の原理を、もっていないということだ。つぎに、それは悟性がアプリオリにもっている、多様な知覚を時間性のなかでまとめあげる原理だということである。このような多様な知覚を時間的に結びつける働きを、私は「経験の類推」と呼ぶ。どんな経験も、時間の流れのなかではじめてその意味を現わすのである。

ところで、時間というものは、「持続」（不変性）、「継起」「並存」（同時性）という三つの基本の様式をもつので、「経験の類推」も、これに応じて以下の三種類に分けられる。

A　実体の「不変性」の原則、B　因果的な時間継起の原則、C　相互性（同時に別々に存在する）の原則。これらの原則を一つずつみてゆこう。

A　実体の「不変性」の原則

原則：「実体はつねに不変であり、自然における実体の量は増えもしなければ減りもしない」

どんな経験もある不変の時間の流れのなかで生じている。だが、一切の事物の変化や同時性という時間の関係は、また、何らかの絶対的に不変なものを規準としてはじめて考えられる。それがつまり事物の総体としての「実体性」である。

これはつまり、一切の事物の変化は、不変な基体としての実体がただそのかたちや様態を変化させているだけで、実体それ自体は全体として不変だということを意味する。

実際、哲学者を含めほとんどの人は、暗黙のうちに、事物のさまざまな変化の底にそのような不変の実体の存在することを疑っていない。この実体の「恒存性」（不変性）は、事物がある時間的な相において経験されるための必然的条件だといえる（⇒これは「質量保存の法則」のカント版といえる。すでにこのような科学的知見が存在していた。ただカントは、この考えを科学の知見としてではなく、認識のアプリオリな原則として主張している）。

B　時間継起の因果律の原則

原則：「一切の変化は原因と結果とを結合する法則にしたがって生起する」

知覚というものは、時間のなかでつねに変化しており、厳密には決して同一のものとしてとどまっていない。たとえばわれわれは、一軒の家を見るとき、さまざまな角度からそれを眺め、だからさまざまな知覚をつぎつぎにもつ。だが、とうぜんこの知覚の変化を「家」自体の変化とは認識しない。

むしろ、われわれはこの時間的移り行きのなかでの知覚の多様性を構想力で統一し、そのことで一軒の「変化しない家」を認識する。これが対象知覚というものの基本性格だ。

では、つぎのような場合はどうだろうか。いま私が一艘の船が川の上を右から左へ進むのを見るとする。この場合も、知覚は時間のなかでの多様な知覚として現われる。しかしここではわれわれは、この船が位置を変化させている、つまり進んでいるのだと認識する。すなわち、家は変化しない（＝不動の）家として、船は進む船として認識される。何がこの違いを生み出しているのだろうか。

両者の違いは明らかであって、家では、多様な知覚の変化は「任意」であり、その変化は主観の視点の変化によって統御できる。しかし、船では、変化は、現象自体つまり客観のほうから現われており、その順序は主観にとって不可逆である。そしてこのような不可逆性が、われわれに、船のいまの位置を前の位置の結果と認識させるわけだ。

こうして、事物や事態が、時間のなかでの連続的な変化として認識されるのは、それが、アプリオリに存在する時間という感性形式や悟性のカテゴリーの諸規則にしたがうことによるのである。

C　相互性の原則

原則：「およそ一切の実体は空間において同時的に存在するものとして知覚される限り完全な相互作用をなしている」〔⇒すべての事物は、実在的なものとして同時存在しつつ、一つの法則のもとに完全な相互作用のうちにある。つまり、全自然は、物理・科学的な法則にしたがって関係しあっており、例外はないこと〕

たとえば、われわれがまず山を見、つぎに月を見るような場合、やはり多様な知覚が現われている。このとき、それが一つの事象の変化ではなく、別々の個別的対象であることを、われわれはどうして認識できるのだろうか。

いま、知覚の多様な変化を一つの対象の変化と認識するためには、「原因―結果」というカテゴリーが必要だということをみた。ここでは、それが別々の対象だと認識するには「相互性」というカテゴリーが必要となるわけだ。

たとえば、ある物が別の物にぶつかってそれを動かすような場合、この作用は、多数の事物が同時に存在しつつ、一つの法則のもとにある場合の相互作用として理解される。このような事物どうしの関係は、「力学的な相互関係」と呼べる。

ここでも注意すべきは、われわれが経験する「自然」世界とは、それ自体（物自体）としての自然ではなく、あくまで人間の感性と悟性のアプリオリな認識形式を通して認識されたものだということだ。全自然とはそのかぎりでの、つまり「現象世界」としての全自然なのである。

### （4）経験的思惟一般の公準（対象存在の「様態《モード》」）

経験的思惟の「公準」は、対象の存在仕方（様態）の認識についての判断の原則で、つぎの三項目に分かれる。
①可能的　②現実的　③必然的
「様態」とは、事物自身が「どのようなものであるか」ではなくて、事物とこれを認識する「主体」との関係のありようを規定する原則である。

①可能的
ある事物が現実に存在しうるという「可能性」が認識できる条件は、その事物の概念が、その認識を可能とする基本形式を満たしていることである。たとえば、ある事物が、

すでにみてきた「実体性」「因果関係」「相互作用」といった、事物が事物たりうるための条件をそなえているなら、その事物は実際に存在するしないにかかわらず、存在する「可能性」はもっている、といえるわけだ。

逆にいえば、たとえば質量をまったくもたない実体とか、未来を予知する能力や念力によるコミュニケーション能力などといった存在を、可能な存在とみなすことはできない。そのような存在は、さきにみた事物存在であるための条件をもたず、われわれの経験的認識の原則を超えた想像物にすぎない。

②現実的

事物が現実的存在として認識されるには、それがただ概念的に可能なものであるだけでなく、現に、たしかにわれわれの知覚に与えられなければならない。これは誰でも理解するだろう。ただ、つぎのような場合もある。

たとえば、われわれは、磁石のまわりに引きつけられて散らばる鉄粉のありさまを見て、そこに何らかの力（磁力）を現実的な存在として認識する。この場合は、磁力の存在を直接知覚していないが、それでもわれわれは、正当な推論にしたがって磁力の存在を確かなものとしてみてとるのだ。

このように、一般的には、対象の現実知覚というものが認識の不可欠の条件だが、他の知覚からの正当な推論によって、ある対象の現実存在の認識が可能である場合もある。

③必然的

事物の「原因—結果」関係の原則は、「どんな事象も、仮言的に必然的である」〔⇓こうであれば、必ずこうなる〕という命題で示される。これはまた、「何ものも単なる偶然によっては生じず、必ず原因をもつ」とか、「一切の自然は因果関係で結ばれており、したがってそれはわれわれにとって理解可能である」、などと表現される。

さて、「可能性」「現実性」「必然性」という三つの概念は、これまでしばしば、可能的なものは現実的なものの範囲より大きい、というふうに、領域的な広さや包含関係で考えられてきた〔⇓「可能的な存在」>「現実的な存在」>「必然的な存在」〕。しかしわれわれの観点からは、このような可能性、必然性の概念は本質的とはいえない。

ここでの「可能性」「現実性」「必然性」の三つの「様態」は、事物対象の「何であるか」に直接かかわるのではなく、その対象と認識主体との関係のありようの違いを規定するのだ。

つまりこうなる。ある事物が、その概念において現実存在としての必要条件をもっている（可能性）。それが現に目の前に知覚され、認識されている（現実性）。その事物の存在の必然的な理由が理解されている（必然性）。

〔☆⇓可能性、現実性、必然性を言い換えれば、「想定されうる」「現実的なものとして認識されている」「その存在の必然的な理由が理解されている」となる。具体的な例でいえば、たとえば、石よりも堅い物質は存在しうる（可能性）。いま石に傷をつける鉄がここにある（現実性）。鉄が石より硬い理由（硬度等）がわれわれに理解されている（必然性）、といった具合である。〕

## 第三章　あらゆる対象一般を現象的存在と可想的存在とに区別する根拠について

「先験的分析論」でわれわれは人間の「悟性」の働きを分析してきたわけだが、ここで考察されたことの大きなまとめをおいておこう。

「感性」は、外的な対象の印象を取り入れる役割をはたし、「悟性」は、この直観された印象をまとめあげて、論理的な判断にもたらす役割をはたす。

また、「悟性」の働きの中心軸は二つで、対象の判断の基本的な枠組みとしての「カテゴリー」（分量、性質、関係、様態）と、この「カテゴリー」の適用の仕方の「原則」を与えること。「カテゴリー」とその適用の「原則」が、アプリオリにわれわれの悟性にそなわっていることによって、われわれは、さまざまな対象が具体的に「どのようなものか」を判断できるわけだ。

ところでしかし、ここで問題となるのは、悟性はこのように対象の判断に使用されるが、自分でその使用の適切な範囲を決めることができないということだ。このことが、われわれの世界認識にとってある根本的な問題点をもたらしているのである。

悟性のカテゴリーや原則が適用される適切な範囲は、じつはただ「経験的な対象」だけである。つまり、感性を通して入ってくる直観的な対象についてカテゴリーが適用されると、それは客観的な対象の判断を形成する。

しかし、経験的な対象を超えて単に想定されたもの、たとえば、世界の全体とか、絶対的存在については問題がある。悟性はそのような対象についても判断能力を働かせるのだが、しかしそこからは客観的な認識は形成されないのである。

たとえば数学的な例をとってみよう。

われわれは、「空間は三次元をもつ」とか「二点間には一本の直線しか引けない」といった、抽象的な直観による数学的概念をもつ。しかしもしわれわれが、実際に任意の直線を紙の上で引いて、この概念の妥当性を確かめないなら、これらの概念は、それ自体ではただ頭のなかの抽象物にすぎず、何の意味ももたない。

このように、「純粋悟性概念」（カテゴリー）は、感官からやってきた経験的な対象にのみ関係しうる。すなわち、それはただ経験的な対象にのみ適切に使用されるのであって、われわれがすでに述べてきた「物自体」としての世界については、客観的な認識としての役割をまったく果たすことができないのだ。

しかしにもかかわらず、ここには大きな謬見《びゅうけん》あるいは錯覚が長く存在してきた。つまり、われわれは悟性の能力は、〝超感覚的な存在〟（世界の全体、純粋な自由、絶対存在など）の認識についてもその役割をはたすはずだと考えてきたのである。

だが、そういったものは、「物自体」としての世界であって、いわば神のような「知性的直観」の持ち主だけが認識できる世界なのだ。

この錯覚の理由はいまや明らかである。

いくら直観があっても「カテゴリー」が存在しなければ、およそ恣意的な判断しか成立せず、対象の客観的認識はありえない。しかし直観という素材がない場合でも、われわれは「カテゴリー」をもつので、単に想定されただけの対象を「カテゴリー」によって思惟することが可能である。そこでわれわれは、この想定された対象についての思惟と推論と判断を、あたかも客観的な対象の認識として可能であるかのように考えてしまうのだ。つまり、単に「可想的な存在」を考えているのにすぎないのに、われわれはそれを客観的な存在だとみなし、そこから、のちに詳しくみるような世界認識についての大きな難問を生み出すのである。

このような認識における重大な誤謬を避けるために、われわれは「感覚界」(現象的世界)と「叡智界《えいちかい》」(可想的世界)という区分をおくのがよい。つまり、直観的な経験によって認識される世界は「感覚の世界」であり、われわれの悟性の能力では認識できない「物自体」の世界は、これを「叡智界」と呼ぶべきである。近代哲学者のなかには、この区分を、単に「直観的世界」と「悟性による法則の世界」という区分で用いる者がいるが、それはまちがっている。いまみたように、真の意味の「叡智界」は、神の知性によってのみ認識されうる世界であり、われわれの悟性では認識されえない世界だからだ。

ともあれ、いまみたような誤謬から生じる認識上の問題について、以後くわしく考察することにしよう。

## ☆章末解説②

長く続いてきた「認識問題」を、本質的な仕方で解決するには、つぎのような方法をとるべきである。つまり、「世界とは何か」を直接、実証と推論で正しく認識しようとする前に、世界認識のハードウェアたる人間の観念の仕組みをまず認識することが必要である。これがカントの出発点だった。

じつは、人間の世界認識には原理的な限界があるのだが、そのことを本質的な仕方で解明できなかったために、「世界とはいかなるものか」についてさまざまな独断論が現われ、たがいに解決できないかたちで対立してきた。世界それ自体を完全な仕方で認識することはできない。しかし人間の観念（理性全体）の仕組みの認識については、普遍的な仕方で必ず解明できる。なぜならわれわれは誰もそれを現に自分のものとしてもっているからだ。

そしてこのことの解明だけが、人間の認識がなぜ完全ではないか、だがどこまでなら客観的な認識が可能かをはじめて本質的に明らかにする。そこで自分は、人間の観念の本質的な仕組みを認識するという自分の哲学の立場を、「先験的観念論」と呼びたい、そうカントはいう。

カントによる人間の認識（能力）の全体は、①感性、②悟性、③理性、という構造をもつが、もう一度これをまとめると以下になる。

①感性は、人間が自分の感官を通して事物対象を表象し、受け取る能力（直観の能力）

②悟性は、感性的直観による表象を統合して、判断にもたらす能力（概念的判断の能力）

③理性は、判断された諸対象から、推論によって世界の全体像に迫ろうとする能力（主として推論の能力）

さてカントは、「悟性」のアプリオリな形式性として四つの要素を想定する。①「カテゴリー」②「先験的統覚」③「図式」④「原則」である。それぞれを見ていこう。

①カテゴリー（純粋悟性概念）

「感性」は外界の多様な印象を受けとる能力だが、視覚、聴覚、触覚といった感官だけでは、対象の存在を具体的に判断し認識することはできない。感覚の多様性をまず一つに結びあわせ、さらにそれを概念的なかたちに仕上げることではじめて、「ある対象がどういうものか」を認識できるわけだ。

そこでカントが立てているのは、この感覚としての印象の束（多様なもの）を、観念はどのようにたとえば「一つのリンゴ」として、つまり綜合的に統一して認識しているのか、という問いである。

カントの答えは、「悟性」がこの感覚の多様をまとめ、概念的な判断へと変換するのだが、この概念的な判断は基本の枠組み（形式）をもっており、それが「カテゴリー」と呼ばれている。

つまり、感性が「空間・時間」という形式をもつように、対象を概念的に判断する「悟性」の働きも、「分量」「性質」「関係」「様態」（それぞれがまた三つの分肢をもつ）という基本形式をもつのだ。

どんな対象も、必ずこの「概念」の形式性にしたがって綜合され、概念的な判断として認識される。たとえば「これは、いま、机の上に存在する、一個の、赤い、リンゴである」という具合に。

カントはまた、ここでカテゴリーの「先験的演繹」、つまり、なぜこの四つが悟性の絶対的にアプリオリな形式性といえるのかについての証明（あるいは解明）を試みている。

カントによれば、かつてアリストテレスは十のカテゴリーを提示したが、それは十分原理的とはいえず、恣意的なものでしかない。これに対して、自分の示す四つのカテゴリーは恣意的ではなく、原理的かつ本質的区分である、という。

空間・時間が、対象認識の基本カテゴリーであることは、哲学的な解明は別としてかなり説得的で、ほとんどの人はこれを認めるだろう。しかし悟性の基本四カテゴリーについては、それがなぜ絶対的に「アプリオリ」といえるか、つまり完全に原理的区分といえるかどうかは、人によって意見が分かれるにちがいない。

哲学の歴史をみるかぎり、人間のもつ根本カテゴリーの区分を生来のものとしてこの四つに決定できるというカントの考えは、大きな合意をえていない。むしろ多くの哲学者が、判断の枠組みとしての「カテゴリー」の分類を試み、その区分はそれぞれに違っている。

たとえばアリストテレスの十のカテゴリーは、実体、分量、性質、関係、場所、時間、位置、状態、能動、受動である。ヒュームは、まず関係、様相、実態という項目をおき、関係をさらに、類似、同一性、空間、時間、量、性質、度合い、反対などに細分化する（『人性論』）。

また、カントのカテゴリー分類を批判したヘーゲルは、三つの基本カテゴリー、つまり存在、本質、概念をおく（『大論理学』）。これは弁証法的な三項図式である。

ただ、カントのカテゴリーが、われわれの対象認識というものが、単に感覚や知覚だけでなく、意味や概念的判断と一体のものとして構成されていることを指摘し、その本質構造を解明しようとするはじめての本格的な試みだったことは疑えないところだ。

### ② 先験的統覚

「先験的統覚」は、人間のどんな判断や認識にも、必ず「私がそれを判断し認識している」という「コギト」の意識がともなっている（あるいはともないうる）、ということで、これは誰もが納得できる点だろう。人間のあらゆる意識は、単なる対象の意識であるだけでなく、同時に「自己意識」でもあるわけだ。

ただ、カントの力点をもう少し解説すると以下になる。

カントの先験的観念論（人間の認識は生来どうなっているか）の大きな特徴は、そもそも人間の認識を〝可能にしているものは何か〟という問い方にある。たとえば、「感性」（五官による感覚）を〝可能にしているもの〟は、空間・時間という基本の形式性である、というのが彼の答え方だ。

空間・時間という形式が、感性の多様性を一つの対象としてまとめあげる働きをおこない、そのことが土台となって対象の概念的な理解（判断）が可能となっている。

そしてこの概念的判断自体は、また、カテゴリーという悟性の基本形式によって可能となっている。さらに、この感性形式と悟性形式（カテゴリー）の統一を可能にしているものがある、それが「先験的統覚」である……。

カントの説明の仕方はそういう具合に進んでいるわけだが、この「先験的統覚」は、そのような、「認識を可能にしているもの」の系列の最後の項目とされている。

つまり、ここまでくると、われわれはそれ以上、「何が先験的統覚を可能にしているか」を問うことができない。それはそうなっているとしかいえず、だからそれは対象認識の「最高の原理」である。そこで、**『統覚の統一こそは、人間の認識全体の最高の原理である』**といわれるのである。

### ③ 図式

図式についてはこういわれている。まず感性が外界の多様な印象を直観のかたちで取り入れる。それが悟性のカテゴリーによって概念的な判断へと変えられる。ところでしかし、感性的な直観と純粋な概念であるカテゴリーとは異質なものであってそこに共通項はない。そこで、直観がカテゴリーによって概念的なものへ置き換えられるためには、この両者を媒介するものが必要となる。それを「図式」と呼ぼう、と。

カントがあげている「図式」の分かりやすい例は、まず三角形の図式で、三つの線分が三つの内角をもって一つの空間を囲む図形、がそれである。つぎに「犬の図式」がいわれている。つまり、四つ足の獣、猫より大きく、そこらをうろつき、わんわん吠える。ひどく凶暴ではないが、たまに人を噛む、といったイメージの集合である。すなわち「図式」は、いわば三角形や犬の「純粋概念」にその「一般像」をつけ加えたもの、と考えればよい。

カントのいう「図式」は、ふつうに考えれば、われわれが何度も犬というものを見ている（経験する）うちに形成されてくる犬の概念プラス一般イメージ（像）、と理解するのがよさそうだ（いわゆる「一般概念」には、その対象の概念と一般像とが含まれている）。ただカントでは、感性と悟性がはっきり別の領域として区分されているために、「図式」はこの異なった領域を媒介するものとしておかれている（構想力の所産だとされている）。

さて、いまあげた三角形や犬の「図式」は感性的な対象の概念についての「図式」だが、カントによると、「カテゴリー」それ自身の図式が存在する。これが重要である。

まず、「量」の図式は「数」であるといわれる。たとえば、ある対象の「量」は、単位を設定してそれを「数」(何キログラムなど)で表現することで、はじめて具体的に認識可能になる。

ところで、量の図式が「数」として現われるのは、われわれがある対象を単に知覚するのではなく、それを一定の単位に分割しその単位をつけ加えることによってである。そしてそのためには、知覚が一定の「時間」のなかで持続されなくてはならない。

これはほかのカテゴリーの図式についても同じである。

「性質」の図式は「度合いの変化」とされる(これは「強度」というと分かりやすい)。ある対象の「性質」は、それが何らかの印象の一定時間の持続と変化をもたらすことで、はじめて認識可能になるのだ。

また「関係」と「様態」の図式は、「因果的な継起」「永遠にして不変の実体」といわれる。だんだん分かりにくくなるが、そのポイントは、ある対象の多様な印象は、時間的な経緯のなかではじめて一つの像にまとめあげられる、という点にある。

たとえば「因果的な継起」という「図式」をカント的に説明すると、おそらくつぎのようになる。

いま私が、リンゴのいくつかの視覚をもつとする。つまり、机の上にあるリンゴ、机の端にあるリンゴ、空中のリンゴ、床の上の割れたリンゴ、などである。これを私はどのように認識するか。

このいくつかの視覚(知覚)をいわば〝つなぎ合わせて〟、いま机の上にあったリンゴが、机から床に落ちたのだ、と私は理解する。つまり、リンゴは机から落下したので割れてしまった、という認識＝判断が成立するわけだ。

こうしてわれわれはどんなものも暗黙のうちに「因果的な継起」という図式に当てはめてとらえようとしており、これが、対象は「原因―結果」というカテゴリーにおいて認識されるのだ、という言い方になる。

逆にいえば、たとえば「これはいま机から落ちて割れた一つのリンゴである」といった概念的判断を形成する場合、カントによれば、このような認識が可能であるには、まず感性の直観的な多様性があり、その〝時間的なまとめあげ〟としての「図式」が存在し、そのことで一つの対象がカテゴリーの枠組みでとらえられねばならない、ということになる。

そして最後に、このカテゴリーの「図式」が、つぎの綜合的判断の「原則」の基礎となる。

## ④ 綜合的判断の原則

「原則」の概念もきわめて難解で、これを理解するには、カントのいう「分析的判断」と「綜合的判断」の概念を区別しておく必要がある。

「分析的判断」は主語と述語とは概念が等価なので、いつでも必ず真といえるような判断である（「独身者は結婚していない」）。これに対して、「綜合的判断」は、主語と述語は概念として等しいわけではないので、述語が主語を正しく規定しているかどうかは、それを保証する外的な条件を必要とする（「ナポレオンはワーテルローで敗北した」）。

このとき、綜合的判断が正しい判断であるためのいわば必要条件が、綜合的判断の「原則」である。

カントは「原則」を、カテゴリーの「量」「質」「関係」「様態」の四つに対応して、1．「直観の公理」2．「知覚の先取的認識」3．「経験の類推」4．「経験的思惟一般の公準」と名づけた（この名前がやっかいなので、「分量の原則」「性質の原則」「関係の原則」「様態の原則」と考えてもよい）。

ともあれ、それぞれを説明しよう。

1．「直観の公理」（分量の原則）……「物」であるかぎり、必ず一定の量（長さ、広がり、嵩《かさ》など）をもつものとして認識されるという「原則」。つまり「霊」や「念」それ自体といったものは、現実的存在とはみなされないわけだ。

2．「知覚の先取的認識」（性質の原則）……現実の事物であるかぎり、どんな事物も必ず何らかの性質をもっている。また性質はその強度をもっている、という原則。塩は辛い。火は熱い、雪は冷たい等々。

3．「経験の類推」（関係の原則）……どんな「物」も、その発生や消滅には必ず原因と結果をもつし、同時に存在している他の事物と、物理・科学的な相互関係を保っている。これも1と並んで、暗に幽霊や奇跡や超能力のような現象の否定を意味する。

4．「経験的思惟一般の公準」（様態の原則）……物の現実存在の可能性、現実性、必然性という概念についての原則。たとえば、鉄より固い物質は存在しうる（可能性）。ある物質で鉄を傷つけることができる（現実性）。ダイヤの組成は化学的に鉄より硬度が高いので、このことは当然（必然性）。

綜合的判断の「原則」は、不必要と思えるほどに難解な章だが、こうしてまとめてみると、現実的な事物として認識されるには、どんな物も、客観的な空間・時間の規則、そして自然の因果法則（いまだと科学や物理の法則）に適合するものとして判断されなくてはならない、という原則の再確認であることが分かる。

　こうして、カントの感性論、カテゴリー論、図式論、統覚論、判断の原則論は、彼独自の哲学的用語で記述されているためにきわめて難解だが、大筋としては、われわれが今日もっている科学的な認識論の図式とほぼ重なっている。あるいは、カントの認識論が、当時新しい発見を積み上げていた近代の自然科学の知見に大きく支えられていたといってよい。

# 第二部　先験的弁証論　（先験的論理学の第二部）

### ☆章頭解説③

先験的感性論と先験的論理学は、人間の「感性」と「悟性」の基本構造の〝解明〟を意味していた。

何度も確認してきたように、感性のアプリオリな形式性は「空間」「時間」であり、悟性のアプリオリな形式性は、カテゴリー、図式、原則、そして先験的統覚である。この〝解明〟は人間が世界とそのうちのさまざまな対象をどのように認識し、判断するかについての本質理論として提出されているのだ。

さて、先験的弁証論は、「理性」の基本構造の〝解明〟を意味するが、これまでの感性、悟性のアプリオリな形式性の理論とは少し意味が違う。

カントによれば、感性と悟性は、外的な印象を経験的に受け入れ、これをカテゴリーや原則という〝装置〟によって客観的な認識にもたらす。仮に認識や判断にまちがいが生じても、経験の積み重ねがその誤りを反証するので、認識は時間のなかで修正されることになる。つまりここでは認識は検証可能性をもち、したがって客観性が保障される。

ところが、理性の領域では事情が異なる。理性は基本的に推論の能力である。そしてその推論の能力を本性的に検証不可能な領域にまでおよぼし、そのことによって原理的に検証されないことがらについてまで、客観的な認識の判断を下そうとする。

カントによれば、理性が推論の能力を駆使して極限まで行きつこうとする重要な領域は三つある。

①「魂」(＝私)とは何か。
②「世界」とは何か。
③最高存在(究極原因＝神)は存在するのか。

これらのことがらは、人間の経験の可能性を超えた領域であり、したがって絶対的な認識として検証も確定もできない。だが理性は、この検証不可能な領域でも、推論の能力を極限まで使用して弁証をおこない、その結果、誤謬推理やアンチノミーに陥るのである。

以下、純粋理性の誤謬推理とアンチノミーは、「魂とは何か」について、そして二律背反にゆきつく「世界とは何か」についての理性の誤った推理の必然性を扱う。とくに「純粋理性のアンチノミー」は、『純粋理性批判』の白眉をなす箇所であり、この独自の推論によってカントは、世界の根本原理と究極原因を究明しようとする伝統的な「形而上学」の可能性にとどめをさすのである。

**《解読》**

## 緒言

### I　先験的仮象について

われわれは、悟性がしばしば陥る認識上の誤り、あるいは錯覚についてみてきた。いまこの誤謬の本性をもっと詳しく考察するが、私はこれを「仮象の論理学」と呼びたい。ふつう哲学では、白いものを黒いといいくるめる詭弁論を偽りの弁証論と呼んでいる。

ここでの「仮象の論理学」は、たしかに誤った論理や弁証を扱うが、いわゆる「詭弁論」への批判がここでのテーマではない。先にみたような、悟性がもっている世界認識についての本性的な判断の誤りがここでの問題なのだ。

本来、対象の認識は、感性的直観という素材をもととして、悟性がカテゴリーによってこれをまとめあげて確実な判断にもたらすことで成り立つ。しかし悟性は、直観的、経験的な対象をもたないものにまでカテゴリーを適用し、そのことで、主観的認識でしかありえないものをあたかも客観的認識であるかのようにみなす。悟性のカテゴリーは人間の先験的な能力だが、それが犯す認識上の〝誤り〟を、ここで「先験的仮象」と呼ぶのである。

たとえば「世界は時間的な始まりをもつ」という命題は、理性が悟性のカテゴリーを誤用した結果現われた、偽りの結論である。しかしこれがなぜ誤った結論であるかをはっきり示すことはたいへん難しい。

その誤りは悟性の本性からくるものであり、そのために、世界についての大きな問いは、古来から長く議論の対立を生んできた。先験的弁証論は、この悟性の固有の錯誤の本質について考察するものである。

## Ⅱ　先験的仮象の在処としての純粋理性について

### A　理性一般について

われわれの認識は、「感性」「悟性」「理性」という枠組みのなかで成立するが、「理性」はその最高の段階に位置する。悟性は、感性による直観という素材を統一して判断をもたらすが、理性は、悟性の判断を素材としてここから高次の判断を導く。

理性には、事物認識のための思弁的な能力だけではなく、実践的能力もあるが（これは実践理性と呼ばれる）、さしあたり認識能力としていえば、われわれは悟性を「規則の能力」と呼び、理性を「原理の能力」と呼ぶことができる。だが「原理の能力」とは何だろうか。

悟性は、直観的対象という素材にカテゴリーを適用して、その対象の「何であるか」を概念的に判断する。これに対して、理性は、悟性が作り出した対象存在についての諸判断を「推論」によって統一し、そのことで事象から何らかの「原理」（「普遍的なもの」）を取り出す能力だと考えればよい。

［⇒理性は基本的に「推論の能力」と考えるとよい。この推論の能力によって、理性は、個別的なものをより普遍的なものに包摂して認識する働きをもつ。

たとえばここにあるのは一個の具体的な「リンゴ」だが、同時にそれは、「果物」や「食べ物」であり、事物存在であり、その存在原因をもち、という具合に、事物の概念をより普遍的なものへと展開するのである。それをカントは「原理の能力」といっている。］

## B　理性の論理的使用について

「三本の直線で囲まれる図形は、三つの内角をもつ」は、直接に与えられる直観的な認識である。これに対して、「三つの内角の和は百八十度である」は、直観的にではなく、推論によってえられる認識だ。つまり理性は、このような推論による認識を作り上げるのである。

理性の働きをもっと理解するために、いわゆる「三段論法」の推理について考えてみよう。

三段論法では、まず①「大前提」が立てられ、つぎに②別の「小前提」がおかれ、この二つの「命題」の関係から、最後に③「結論」がえられる。

このとき③が①から直接取り出せる場合、この推理は「直接推理」であり、ここではじつは推論はなく「悟性」による直接的な判断があるだけだ〔⇒①「すべての人間は死ぬ」→②「ある人びとは死ぬ」→③「死なないものは人間ではない」〕。これは三段論法のかたちをしているだけで、じつは直接推理。③の内容が①にすでに含まれている〕。

これに対して、②を媒介することで、はじめて③が①からの帰結として取り出される場合が「理性推理」である〔⇒①「すべての人間は死ぬ」→②「学者は人間である」→③「すべての学者は死ぬ」という推論。これは直接推理ではなく、理性の推論の能力による。これがいわゆる三段論法〕。

このように、「悟性」の判断によって立てられた前提を基礎として、これらを綜合して新しい、より普遍的な認識を導くのが理性の推論による「綜合判断」の能力である。

もう一つ注意すべきは、理性推理（三段論法）は、その形式によって三つに区分されるということだ。

① 定言的推理（かくかくであるはずだ）

② 仮言的推理（もしかくかくだとすれば、しかじかであるはずだ）

③ 選言的推理（かくかくは、これか、あれか〈それか〉、のどちら〈どれ〉かであるはずだ）

## C 理性の純粋使用について

つぎに確認すべきことは、理性の「推論」と「原理」の能力はさまざまな原理的な認識を作り出すが、そこにはその本質的な範囲、領域があるという点だ。これについて私は、つぎのような原則を示しておきたい。

第一に、理性も対象の認識にかかわるが、理性が対象とするのは、経験的な直観的対象ではなく、「悟性が作り出した判断」という対象だということ。理性は、経験的対象ではなく、悟性の判断をもとにこれを推論によって綜合的に統一するだけなのだ。

第二に、理性は、悟性による認識（判断）から、推論によってその一般的条件（普遍性）を展開するが、そのさい、与えられた悟性の判断を出発点として、その根拠（条件）をどこまでもたどって、ついに「無条件的なもの」にまでいたろうとする本性をもっているということ。

さらにまた、理性は、こうして無条件的なものにまで達することができれば、この条件の系列の全体（総体）も必ず存在しているはずだと考える、ということ。

つまり、理性は、与えられたものからつねにより高次の条件へさかのぼり、そのことで完結性や全体性の概念にまでいたろうとする推論の本性をもつ。これが理性の「最高原理」である。

だがまた、このことが、理性による世界の客観的認識に、大きな誤謬の可能性をもたらすのだ。そして、この問題の解明こそ「先験的弁証論」における中心の課題である。

〔☆⇓理性は、条件をたどって、絶対的なもの、完全なものに達するまでどこまでも推論を続けるという原理が、理性の最高原理。

たとえば、理性の推論の能力は、いまわれわれがここに存在しているかぎり、その時間的な因果の系列を逆にどこまでもたどって、宇宙の絶対的な始まりにまでさかのぼれるはずと推論し、またその系列の全体も必ず存在するはずだ、という結論を導く。〕

## 第一篇　純粋理性の概念について

事物対象を判断し認識する悟性の独自の働きを、私は「純粋悟性概念」（カテゴリー）と呼んだ。同じように、推論によってことがらの全体性や完全性に達しようとする理性の能力を「純粋理性概念」、すなわち「理念」（イデー Idee）と名づける。以後その本性を論じることにしたい。

## 第一章　理念一般について

プラトンの「イデア」説はよく知られている。彼自身の説明では、これは、感覚や経験から離れた「物そのものの原型」であるだけでなく、「最高の理性から流出して、人間理性にさずけられたもの」である。しかし、人はそれを自らのうちに完全なかたちではもたないため、「想起」しなくてはならない、等々。しかしこのような説明だけから、「イデア」が何であるかを正確に理解できる人は、きわめて少ないだろう。

私の考えでは、プラトンの「イデア」にはつぎのような考えが含まれている。たとえばプラトンは「徳のイデア」についてこんなふうにいう。

ふつう人は「徳」とは何かを定義しようとして、経験的に、さまざまな「徳行」の事例を引き合いに出す。しかし実際の事例をいくらあげても、それはきわめて多様であり、その核心をよく示すことができない。

これに対して、たとえば誰かある特定の人間〔⇒ソクラテス、孔子といった人〕を「有徳者」の一範例として示せば、多くの人は、これを徳なるものの範例（原型）としてすぐに理解することができる。「徳」についてこのように思い描かれた「原型＝範例」を「徳のイデア」と考えればよい。これがプラトンの考えである。

もう一つ例をあげよう。プラトンの「国家」の理念、つまりものごとの本質を知った哲学者が王として統治すべきだという「哲人王」の考えは、しばしば夢想的な理想論として批判されてきた。しかし、私はプラトンの理念の意図をつぎのように考える。

つまりそれは、「各人の自由を他のすべての人びとの自由と共存させうることを旨とする法律」と「人間の最大の自由（幸福ではなく）を主眼とするような憲法」によって統治されるような国家が存在しうる、ということなのだ。このような考えをわれわれは、法律、憲法、国家の「理念」としてもつことができる。

われわれが社会に憲法や法律を制定しようとするとき、こういった何らかの「理念」を根本的な規準としてその憲法や法律を考えるのは当然のことであって、さまざまな経験をもちだしてきて、現実と理念は違ったものだから理念など不必要だ、という態度をとるのは馬鹿げているといわねばならない。

このように、われわれがあることがらについてまず何らかの「完全性」を理想的な「模範」として示し、これにしたがって現実を変えようとする努力をなすことは、まったく正当な理由があるのだ。

プラトンの「イデア」という考えを、世界や人間についてのこのような「理念」として理解するのでなければ、それはまったく机上の空論にすぎないものになるだろう。

プラトンのいう「善のイデア」が、現実に完全な状態で実現されるようなことはもちろん不可能である。しかしそれでも、われわれが、さまざまな善の経験から、何が善の理念とされるべきかを考えることには重要な意義がある。

したがって、こういわねばならない。「自然」については、われわれにさまざまな規則を教えるのはあくまで経験であり、経験こそが真理の源である。しかし「道徳」については、経験は仮象や誤りを生む母である。われわれは「為されること」の規準を「為すべきこと」におかねばならないのであって、「為すべきこと」の規準を「実際に為されること」からとるのは無意味なことなのである。

ここでのわれわれの探究の目的は、「純粋理性概念」つまり「理念《イデー》」なるものの本質をとらえることだが、そのため、さしあたり「理念」という概念の意味するところを確認しておく必要があった。

〔☆⇓カントはここで使われる術語の確認をしているが、簡潔に整理しておくと以下になる。〕

Ⅰ「表象」→「知覚」→「感覚」→「認識」

Ⅱ「認識」→①「直観的認識」と②「概念的認識」

①「直観」→感覚的知覚

②「概念」→（1）「経験概念」……「樹木」「机」「哲学者」「人間」

（2）「純粋概念」

1「数学的概念」……「三角形」「直角三角形」

2「純粋悟性概念」（カテゴリー）……「量」「質」「関係」「様態」

3「純粋理性概念」（理念）……「霊魂」「自由」「必然的絶対者」

# 第二章　先験的理念について

もういちど確認すると、経験的な対象をまとめあげて判断にもたらすものが、「純粋悟性概念」（カテゴリー）。そして、さまざまな判断を綜合してより高次な認識を作るものが

「純粋理性概念」、すなわち「先験的理念」（イデー）であり、どちらもわれわれにアプリオリにそなわっているものだ。

理性の基本的な働きは、推論によって認識の普遍性を作り出す点にある。たとえばつぎの例をみよう。

「カユスは死ぬ」。これは経験的な命題と考えることもできる。だがこの命題から、「カユスは人間である」という面をとらえて、この命題を、「すべての人は死ぬ」というより普遍的な命題のうちに含まれるもの、ととらえることができる。

この場合、理性の推論の能力は、ある経験的な命題（誰かが死ぬ）を、より普遍的な命題（すべての人は死ぬ）に結びつけることで、その必然性を示すことを可能にしている。このとき、理性は、ある個別のものをより大きな全体のうちに位置づけることによって、その必然性を確保しているわけだ。

こうみると、「先験的理念」とは、「与えられた条件つきのものに対する条件の全体」という概念（⇒ある個的なものを包摂するその全体の像）、と考えてよい。一切の個別のものは、つねにべつの原因に「条件づけられたもの」だが、これはまた、つねに一切を包摂する「無条件的なもの」（全体）のうちにあるからだ。

## 三つの枠組み

いまみたように、「純粋理性概念」は、理性のなす推論的な判断において、つねに「無条件的なもの」（全体や完全なもの）の想定のアプリオリな枠組みといえる。するとその数は、「カテゴリー」における「関係」の数に対応して、つぎの三つということになる〔⇓「関係」のカテゴリーは以下の三つだった。①実体と属性、②原因と結果、③相互性〕。

①主語における「無条件的なもの」〔⇓つまり「私」〕

②事象の系列の「無条件的なもの」〔⇓因果関係の全体〕

③世界の一切の部分の「無条件的なもの」〔⇓世界の絶体的必然性、つまり神〕

〔☆⇓つぎの章で、この三つの「純粋理性概念」は、①は、述語とはならずつねに主語となるもの（私＝霊魂）、②は、あらゆることがらの因果関係の究極の根拠としての「自由」（あるいは世界全体）、③は、世界の一切の部分の関係を成立させる絶対的な統括者（神）の存在、と言い換えられている。〕

つまり、カントによると、純粋理性は、さまざまな個別的な現象から、これを推論の能力で追いつめて、①「魂」という絶対的実体、②「自由」という絶対的原因、③「神」という絶対的統括者、という三つの「絶対的な無条件者」を思い描く本性をもつ。これが「純粋理性概念」（＝理念）の三つの枠組みである。

理性は推論の能力だから、何かあるものが現象として与えられていると、その関係の系列をどこまでも推論して「完全性」や「全体性」に、つまり「絶対的な無条件者」に行きつくまで推論をやめないという本性をもっている。三つの「純粋理性概念」は、その結果現われた三つの「無条件者」なのだ。

このような絶対的な無条件者にまでいたる理性の本性を、現象の理性的統一と呼ぶことができる。それは、ちょうどカテゴリーによる対象認識の統一が、悟性的統一と呼ばれるのと同じである。

悟性は経験的な対象の認識に用いられる。しかし経験の領域は本質的に無限だから、そこではおよそ無条件的なものは存在しない。これに対して、理性の推論の能力は、悟性ではなしえない「無条件的なものへの統一」を作り出すことができる。たとえば、世界の完全な全体像といったものを与えるのだ。

だから純粋理性概念は、つねに「超越的」な性格をもつ（⇓純粋悟性概念は「内在的」）。言い換えれば、事物対象の客観的な認識にかかわるのではなく、ただ、その想定的な像（理念的な像）を作り出す役割を果たすのだ。

われわれは純粋理性概念を「先験的理念」と呼ぶが、それは先験的理念が本質的に「超越的」、つまり経験の領域を超えており、どんな経験的な認識を作り出すわけでもないからだ。

だからそれは、可想された世界についてはきわめて多くを語るが、経験の領域においては何も語らない。そこでわれわれは、たとえば「一切の現象の絶対的全体といったものは、単なる理念にすぎない」といったいい方をするのである。

ところで、ここでつぎの点に注意しなければならない。いまいったことは、対象の認識にかかわる「理論理性」の領域ではなく、人間の行為にかかわる「実践理性」の領域〔⇓欲求や道徳の領域〕においては事情はちがってくる。

「実践理性」においては、「理念」は、単なる世界についての想定的な像を作り出すだけでなく、理性の実践的使用において不可欠な条件となる。絶対性や完全性を求める理性の推論の能力は、まさしく「実践的理性」においてその本義を現わすのである。

たとえば「知恵」(叡智)という実践的な「理念」について、われわれは、「知恵などというものは単なる理念にすぎない」などといってすませるだろうか。「知恵」(叡智)とは、人間のもつさまざまな目的の必然的統一という「理念」であり、だからそれは、われわれの実践的な行為についての根本的な規準とみなされるのである。

〔☆⇓ここでカントは、「知恵」(叡智)という「理念」を、どんなことについても、何がよく何がよくないかについて必ずその最上の答えがある、といえるための理念として考えている。もしそれがなければ、およそ行為の良し悪しや善悪の判断をおこなうこと自体が無意味なものになる。そこで、智恵の理念は、人間にとってつねに本質的な意義をもつということだ。」

いまみたように理論理性における「先験的理念」では、たしかに「それは単なる理念にすぎない」といういい方が成り立つ理由がある。しかしそれでもわれわれは、「理念」を決して余計なもの、無意味なものとみなすわけにはいかない。

それは対象の客観認識には役立たないが、しかし、われわれに世界についてのある全体像を一つの規準として与える、という重要な役割を果たしているからだ。

ともあれ、「理念」が「理論理性」と「実践理性」の領域で果たす役割については、別のところでより詳しいテーマとして考察したい。

さて、ここまで、「理性」の推論の能力が、世界についての「先験的な理念」を生み出すことをみてきたが、最後に一つつけ加えておきたい。

純粋理性概念は、推論の能力を駆使して、ある与えられたものから「無条件的なもの」にまでいたろうとする。しかし、このとき理性が見出す「無条件者」は、あくまで原因からまたその原因へとさかのぼる上昇的な推論において現われるものであって、結果から結果へと進む下降的な推論によるものではない。この推論の系列では、推論はどこまでいっても完全な全体には達しえないからだ。

したがって、すでに「絶対的に与えられている全体」とは、あくまで、ここまでに存在しているはずの原因の系列の総体であって、これから生じることがらの総体ではない。すなわち、われわれの理性の能力が描き出す「先験的理念」は、すでに存在したものの全体であって、予測されるものの全体を意味しない。

## 第三章　先験的理念の体系

理性はその推論の能力によって、認識対象についてのその完全で絶対的な像を想定する。

われわれの認識対象を大きく区分すれば、さきにみたように、「心」「経験的世界（自然世界）」そして「究極原因」ということになる。

つまり理性は、（1）心的存在とは何かについての絶対的認識、（2）経験される世界における原因についての絶対的認識、（3）あらゆることがらを可能にする根拠についての絶対的認識、を思い描くのである。

これを学的に言い換えると、理性は、つぎの三つの領域でそれぞれの絶対的な理念、つまり「純粋理性理念」を形づくることになる。

（1）「思惟する主観」の絶対的統一（＝「私」→魂）――→先験的心理学
（2）「経験的世界の現象」の絶対的統一「経験世界」――→先験的宇宙論
（3）「思惟可能な一切の対象」の絶対的統一「物自体の世界」――→先験的神学

繰り返すと、この理性の推論による絶対的な理念は、あくまで思念上のものであって、客観対象の認識にはいたらない（その推論は、「原因」の系列をさかのぼる上昇的推論の所産であって、「結果」の系列を下る推論の結果ではない）。もしわれわれが、未来に生じる世界の一切のことがらについての絶対的な認識、という理念を形成しようとしても、それはまったくの空想の産物にしかならないのだ。

ともあれ、われわれの理性は、この三つの先験的理念を作りあげて、世界の一切についての完全かつ絶対的な像を思い描こうとする本性をもっている。つまり、まず、自らの「心」の理念的な認識からはじめ、世界認識に進み、最後に根源的な存在者（神）という理念の認識に向かうが、この順序はきわめて自然なものだといえる。

# 第二篇　純粋理性の弁証的推理について

純粋理性概念（理念）は、理性の本性から現われた必然的な推論の所産だが、それはあくまで、世界の完全かつ絶対的な全体についての純粋な推論であって、世界の客観認識とはまったく関係がない。しかし、われわれはしばしば、その像の「仮象に欺かれて」、この推論を客観的な認識であるかのように考えてしまう。

このような、純粋な推論にすぎないものを、認識であるかのようにみなす思考を、われわれは、「理性推理」ではなく「弁証的推理」と呼ぶべきである。だが、もちろんこれは人間が意図的になす「詭弁」ではない。この偽りの推理は理性の本性から生じたものであり、もっとも聡明な人でもこれを避けることが難しいような「錯誤」なのだ。

いまこの「弁証的推理」の本性を考察したいが、すでにみたように、それは三つの先験的理念に対応して以下のようになる。

1「主観そのものの絶対的統一」（「私」）——→「先験的誤謬推理」

2 「与えられた現象に対する条件の絶対的全体」（世界）――→「アンチノミー」
3 「世界の一切を可能ならしめる根拠の綜合的統一」（神）――→「純粋理性の理想」

## 第一章　純粋理性の誤謬推理について

ここで問題となるのは、「思惟する主観」、言い換えれば「心としての私」について、われわれの理性の推論が作り上げる完全な統一的像（理念）がどのようなものか、ということである。これを私は「経験的心理学」と区別して、「理性的心理学」と呼びたい。というのは、ここで問われるべき対象としての「心としての私」（あるいは「私は考える」）は、何らかの対象についての経験的な認識ではなく、そもそも「経験的なもの」の認識一般を可能にするものについての認識であり、この点でアプリオリな認識といえるからだ。

理性的心理学が扱う「私は考える」は、そのような意味で、経験認識とはまったくかかわりのない純粋な推論によって成り立つものだ。ここでは、この「私は考える」という命題だけがその唯一の主題であり、したがって、ここから取り出せる可能な推論の一切を考えつめることになる。

さて、この「私は考える」を主題とする「理性的心理学」〔⇓理性の推論のみで心が何かを認識しようとする学〕を展開するにあたって、われわれはやはりカテゴリーの枠組みにしたがう必要がある。

ただしここでは、「私」という存在者がはじめに与えられているので、少し順序を変えて、まず「実体」のカテゴリーからはじめたい。

そこでその推論の順序は以下のようになる。

1 心は実体である。〔関係〕(非物質性)

2 心はその性質上単純である。〔性質〕(⇓合成されていない、したがって不壊性・不滅性をもつ)

3 心は異なった時間に存在しても、つねに「数的に同一」である。〔分量〕(人格・精神の同一性)

4 心は空間における可能的対象〔物体〕と相互に関係している。〔様態〕(相互性→心身相関性)

〔☆⇓この順序の変更の意は、「心」とは、まず非物質的なものとして不壊なる実体であり、一なる個体的精神性をもち、物質と相互関係を保っているもの、といった推論の順序が一般的だということ。〕

一つ注意しておくべきことは、この理性的心理学は、「思惟する存在者」としての人間の自然的本性〔⇒心身一体としての人間存在〕についての学ではないということだ。ここでは、あらゆる対象意識、概念、判断につきまとっている「私」という表象についての理性の推理の必然性を追い求めることが問題となる。そこで私としては、ここでの「考える私」を、経験的な意味でのこの私ではなく、ただ思考作用一般としての「先験的主観即ちX」と呼んでおきたい。

理性的心理学の目標は、心という対象を、自然的な存在としてとらえるのではない。それは経験的心理学がおこなうべき課題である。

経験的心理学は、いわば内感についての自然学であって、心という現象の多様を説明するには役立つだろう。しかしこの観点からは、右に述べたような、私の単純性や個別性といった本性を取り出すこともできないし、意志する存在者一般の本性を示すこともできないのだ。

もう一つ確認しておきたいのは、主観としての「私」は、単に思惟するだけではどんな対象認識もなしえない。何度もいうように、対象認識には感性による直観と、悟性による綜合的統一が必要である。だからここでの「考える私」についての推論は、「私」自身を一つの「対象」として客観認識することとは違っている。

つまり、ここでの「私」についての純粋な推論の思考においては、「私」は、一つの経験対象として認識されるのではない。

〔☆⇓理性的心理学は、「私」を経験対象として認識するのではない、ということの意味は以下。つまり、ここで理性が純粋な推論において考察するのは、〝対象としての「私」〟、あるいは〝対象化されるものとしての「私」〟ではなく、むしろ考えることの主体、つまり〝対象化し、規定するものとしての「私」〟である、と考えれば分かりやすい。〕

さて、「私は考える」という純粋な命題を、「関係」「性質」「分量」「様態」というカテゴリーの区分にしたがって純粋に推論を展開すれば、つぎの四つの「分析的命題」を取り出すことができる。それぞれについて考察しよう。

**（1）『あらゆる判断において、私はつねに、その判断を構成する諸関係を規定する主観である』**。

〔☆⇓あらゆる判断において「私」は、対象の判断を作り出すその主体であり、つまり対象を規定するその主観である。〕

「私は考える」という命題から、まずこのことを分析的な命題として取り出すことができる。これはつまり、「私」はつねに対象を判断する「主体」であり、したがってまたつねに、判断を示す命題の「主語」でもある、ということを意味する。

だが、ここでなにより重要なのは、だからといってこの命題は、この主体としての「私」が、客観的な実在者であるということを意味しない、ということだ。

〔☆⇒これは心の実在性についての誤謬推理。心はつねに思惟と判断の主体＝主語だが、しかしそれは「心」の実在性をなんら確証するわけではない。この議論によって、カントは、デカルトの「われ考える、ゆえにわれあり」（思考する私は、自らの存在を疑えない）を誤謬推理であるとして批判している。〕

（2）**『統覚としての「私」は、つまりそのつどの思惟において、つねに単数であって、多数の主観には分解されないから、論理的に、単一なるものとしての主観を表わしている』**。

つぎに、「私はつねに必ず単数」であり、したがって「個体性、同一性」を保っているという命題が取り出される。ここで重要な点は、しかしこのことから、「考える私は単純な実体である」という結論を導くことはできない、ということだ。

なぜなら、「考える私は、単純な実体である」という命題は、「私は考える」から帰結する分析的判断ではなく、綜合的命題だからだ。つまり、心がそれ自体、物質とは異なった

「実体」として存在するのかどうかにかんしては、経験的な綜合的判断が必要となるのだ。

だが、じっさいのところ、心という対象についてそのような経験的判断は可能ではない〔⇒心の「実体性」についての誤謬推理。ここも、心は物質とは異なった心という純粋な「実体」である、というデカルトの説への批判になっている〕。

（3）**『私が意識するものは多様であるが、私自身はつねに自己同一性を保っている』**。

ここでもまた、「主観の同一性」からただちに「人格の同一性」を導くことはできない。人格の同一性とは、人間が時と所を変えてさまざまな状況のうちにあっても、人格は等しいということだが、これは単なる主観の同一性ということと同一ではない。

このような人格の同一性を確証するには、やはり経験認識をとおした綜合的判断が必要であるが、これもまた難しい〔⇒「人格」の同一性についての誤謬推理〕。

（4）**『私は、私自身の独自の存在を、自分の肉体をも含めた私の外部の事物から区別して、一つの思惟する存在とみなす』**。

この命題も、「私は考える」から分析的命題として導くことができる。つまりこの命題はそれ自身としては成立する。だが、それは「私」が他の事物から独立的であることを示すだけで、「私」が「私の身体」なしに自立的に存在する、ということまで示すことはできない。つまりここから「魂の不死」を導くのは、誤謬推理である〔⇓「魂の不死」についての誤謬推理〕。

こうして、「私は考える」という命題を理性によってどれほど分析しても、そこから、客観存在としての「私」について何らより広い認識をえられるわけではないことが分かる。だが、理性は、その推論によって「私の存在」についてより正しい認識をえられると考え、そのことで、「私」についての誤った形而上学的な定義を作り出すのだ。

ところで、もし**『すべて思惟する存在者は、それ自体単純な実体である』**という命題が証明されるなら、それはわれわれの「批判」の営みにとって大きな躓《つまず》きの石となるだろう。この命題は、「考える私」は、自分自身を、必然的に他の物質から完全に自立した人格的存在として把握している、ということを含んでいる。

この命題がもし証明されるなら、われわれの認識原理は、現象の世界を超えて「物自体」の世界にまで、つまり経験的な対象の認識だけでなく、経験からは決して取り出しえないことがらの本性の認識にまでおよぶことになるからだ。しかしこのような命題が証明されることはありえない。なぜだろうか。

「およそ思惟する存在者は、単純な実体である」という理性の推論を支えているのは、つぎのような「三段論法」的推理である。

①〔大前提〕「主観」としてしか考えられない存在者は、「主語」としてしか存在せず、したがってそれは「実体」である。

②〔小前提〕思惟する存在者は、それ自体自立的な「主観」にほかならない。

③〔結論〕それゆえ、思惟する存在者は「主体」=「主観」であると同時に、実在する「実体」でもある。

〔⇒ここで、日本語の「主語」「主観」「主体」は、独語ではすべてSubjektである点に注意。〕

ここでの推論の道すじは、思惟する「主観」=「主体」=「主語」としての存在を、客観的に実在する「実体」としての「主観」=「主体」=「主語」に置き換えているのであって、このような推論は誤謬推理として退けられねばならない。

こうして、「それ自体だけで主観として実在するもの」は、それだけでは「客観的実在性をもつもの」とはいえない。つまり、「思惟する主観」ということに限定するかぎり、それに「実体」という概念を適用することはできないのである。

〔☆⇒カントの議論を補うと以下のようになる。われわれは自分の「身体」ならば、経験的にその対象としての客観存在を認識できる。しかし「心」自体は、経験的な対象存在なのではなく、むしろつねに対象化するものそれ自体としてしかわれわれに現われない。デカルトのような推理は、この「存在する私」と「思惟する私」の本質的な相違を混同して現われた誤謬推理である、ということ。〕

**心理学的誤謬推理に対する論定(まとめ)**

理性的心理学があやまった推論を犯す根本の原因は、「純粋な思惟」(考えること)という理念と、「考える主観の存在」(私の存在)という概念とを混同することで、「考えること」それ自体を実体的な存在とみなすという点にあった。

こうして、「理性的心理学」においては、「純粋な思惟」が実体的に存在するかどうか、またそれが不死な実体かどうかは思弁的な認識の領域を超えた問題であって、これを知ることは原理的にできない。また、心と身体の相互関係を説明するという課題も扱えないことが明らかになる。

これに対して、私が試みる「先験的心理学」では、このような心身問題も適切に扱うことができる。それは「心」と「身体」という対象の本質を先験的な観点によってとらえるからである〔⇒つまり、理性心理学は「私」についてのデカルト的な推論を意味し、先験的心理学はカントの先験的弁証論を意味している」。

## 第二章　純粋理性のアンチノミー

先験的弁証論のはじめで述べたように、思弁的理性の弁証的推理は、理性の基本形式にしたがって以下のようなテーマをもっていた。

1「主観＝心」とは何か。(→定言的理性推理＝私は～である)

2「宇宙＝世界」とは何か。(→仮言的理性推理＝こうなれば、必ずこうなる……世界の因果関係の全体的系列)

3「一切の存在の究極根拠」(→世界全体の根本原因＝神の存在)

1の「主観＝私」について理性の推論が生み出す「理念」は、「魂の不死」だが、これは、いまみたような誤謬推理として現われ、客観的な認識にいたることはなかった。

つぎにわれわれは、2「宇宙＝世界」についての理性の弁証論を検討するが、ここでは、理性は世界という現象の「絶対的な全体像」を推論し、しかし自己矛盾に陥ってその要求を断念せざるをえなくなる。

しかし、繰り返すが、この自己矛盾はわざとする詭弁や欺瞞ではなく、人間理性の推論の本性から必然的に現われるような誤謬（錯誤）だということを忘れてはならない。

この錯誤のために、われわれは、「魂は不死である」とか、「世界は無限である」といった独断的な結論に安住したり、逆に、結局世界のことについては何一つ確実に知りうるものはない、といった懐疑論的な絶望に身を任せたりするのである。

さて、私は、世界の全体的な統一というこの理念を、「先験的世界概念」と呼びたい。ただ、この「世界全体」という概念は、あくまで、われわれに現われている世界（現象としての世界、経験世界）の、「絶対的全体」という像にかかわっており、「物自体」としての世界にかかわるわけではない。つまりそれはあくまで現象の経験的な綜合として現われる概念である。

これに対して、およそ存在しうる一切の事物の存在根拠が何であるか、という問いについて理性が生み出す理念を、私は「純粋理性の理想」と呼ぶ。

「先験的世界概念」は、経験的世界の全体像を描き出すものだが、「純粋理性の理想」は、世界の究極的な存在根拠についての、したがって「至上存在」についての推論を意味する。

ともあれ、つぎにみる「純粋理性のアンチノミー」は、「先験的宇宙論」（先験的世界概念）と呼ばれてよい。これによってわれわれは、理性が、宇宙の絶対的全体を思い描こうとして、どのような論理的矛盾に陥るかを理解することになるだろう。

## 第一節　宇宙論的理念の体系

まず「先験的宇宙理念」の枠組みを確定しなければならないが、そのための前提は二つある。われわれは現象としての世界を認識するのに、必ず悟性のカテゴリーという枠組みを用いる。しかし、理性はその推論の本性によって、ここでえられた経験的認識から、そのあるべき限界を超えて世界の完全な全体像を思い描こうとする。

理性は、「与えられた条件づきのもの」〔⇓「条件づきのもの」はよく出てくる用語で、なんらかの原因を自分の存在の条件としてもつもの、つまりここでは、何らかのことがら、対象のこと〕について、その条件の「絶対的全体性」を推論によって要求し、そのことで絶対的な世界像（理念）を作り出そうとする。

そしてこのことが正当な限界を超えていることを自覚しないために、理性は解決できないアンチノミーに陥るのである。

〔☆⇓具体的には、たとえば「いま自分がここに存在していること」が条件づきの与件。そうである以上、理性は、「私の存在」を条件づけているもの（＝原因）のすべての系列を、親↓その親やそのまた親↓生き物の発生↓地球の発生↓宇宙の発生……とさかのぼり、この現在までに至る原因―結果の系列の全体が必ず存在しているはずだ、という推論をおこなうということ。」

さて、先験的宇宙理念もまた、カテゴリーの形式にしたがって世界の「分量」「性質」「関係」「様態」という四つの基本的区分をもつ。それは以下のようになる。

第一。宇宙における時間と空間。これは「分量」のカテゴリーにかかわる。

理性は、いまある時間（与件）から出発して、時間の背進的な系列〔⇓その前の時間、そのまた前の時間……〕の絶対的全体性を思い描く。その絶対的統一が、「世界の完全な全体性」の理念である。

ただし、前にみたように、これは過去の時間全体だけに関係する。未来の系列の全体性（前進的な系列）についてはまだ与えられていないからだ。

ところで、すぐに分かるように、空間の場合は時間の場合とは事情が異なり、背進と前進の区別がない。とはいえ、われわれが空間のより大きな広がりを思い描いて、その多様な部分を綜合してゆく仕方は、必ず継時的である。つまりこの部分にまたつぎの部分を足してゆくという想定の作用は時間的であり、この意味でやはり一定の方向性をもっている。

だから、一見、時間と空間は同じ系列の綜合として扱えないように見えるが、理性がその全体性を思い描くプロセスとしては、同じものとして扱えると考えてよい。

第二。空間における物質の絶対的綜合の理念。この項は「性質」のカテゴリーのうちの「実在性」にあたる。

物質もまた、ある規定されたもの、より小さな部分によって構成された全体と考えることができる。しかしまた、その小さなものはもっと小さなものから構成されていると考えてゆくことができるので、ここにもやはり背進的系列の遡行が存在する。

そしてこの遡行の絶対的全体性については、二つの場合が想定される。つまり、物質の実在がかぎりなく小さくなって消滅するか、第二に、それ以上分割できないもっとも単純なもの（最小単位）へとゆきつくかのいずれかである。

第三。「関係」のカテゴリーについては、「実体と付随性」という概念においては、どこまでもさかのぼるべき条件の系列は見出せないので、ここでは「原因性」のカテゴリーだけがこれに適合するものとして残る。

つまりここでは、理性は、現にある事態からそれを可能にした原因、またその原因といった具合に系列を背進し、その絶対的な全体像にいたろうとする（だからこれは「様態」の「必然性」のカテゴリーにもかかわる）。

第四。「様態」のカテゴリーでは、可能なもの、現実的なもの、必然的なもの、という概念は、いずれも系列をなしえない。ここでは「偶然的なもの」がそれを条件づけているものをもつ。

つまり、あらゆる偶然的な存在は、それを根拠づけるものの系列をもち、理性は一切の偶然的なものから出発して、それを可能にするものの系列の全体を想定して、その絶対的な全体性を「無条件的な必然性」として見出すことになる。

こうして、上の四つを整理すると以下になる。

1〔分量〕一切の現象を包括する全体の、合成の、絶対的完全性
2〔性質〕現象において与えられた全体の、分割の、絶対的完全性
3〔関係〕現象一般の「発生」(生起)の原因の系列の、絶対的完全性
4〔様態〕現象において変化するもの(偶然的なもの)の存在の、絶対的完全性

〔☆⇒「関係」と「様態」のちがいはここでは十分明確ではないが、アンチノミーにおいて両者は、「自由」という「作用因」と、一切の存在の「絶対的根拠」としての「至上者」(神)、という観念に結びつけられている。分かりやすく整理すると以下になる。

1〔分量〕世界の大きさの限界はあるか、ないか(時間的・空間的)。

2〔性質〕物質の最小単位はあるか。分割可能性。
3〔関係〕絶対的原因としての「自由」はあるか、ないか。
4〔様態〕絶対的に必然的な存在はあるかないか（神の存在）〕。

先験的宇宙論のアンチノミーの考察をおこなう前に、注意しておくべきことが二つある。

まず第一に、ここでの世界についての「絶対的な全体性（完全性）」の理念は、あくまで「現象としての世界」、つまりわれわれが経験するかぎりでの世界についての理性の推論の結果であって、「物自体としての世界」についての推論ではないということ。

つぎに、理性は「世界」についての「絶対的な無条件者」を推論によって求めるのだが、このとき「無条件者」とは、世界の系列の絶対的な全体性（完全性）ということと、この系列の「究極根拠」それ自体という二つの意味をもつこと。

たとえば、世界の量的な広がりの全体という理念は前者であり、世界の時間的起点は後者ということになる。また原因の究極的な起点という理念も後者に属することが分かる。

## 第二節　純粋理性の矛盾論

純粋理性は、世界の絶対的な全体性について推論をおこなうが、この推論は、自らの限界を超えて独断的な推論となり、それぞれの問いについて、二つの対立する独断的命題を導く。

ここでの矛盾論とは、外見上等しい根拠によって自己の正当性を独断的に主張する、二つの命題間の矛盾対立を意味している。これらは双方ともに、経験において実証される見込みをもたないが、さりとて決定的に反駁されることもない。そのことで、両者はどこまでいってもその根本的対立から抜け出ることができないのだ。

「世界」の全体像について理性が導くこのような両極的な独断的主張を、われわれは純粋理性の弁証論における「アンチノミー」（二律背反）と呼ぶ。

ここでわれわれが解明すべき課題は以下の三つである。

（1）アンチノミーはいかなる「命題」として現われるか。
（2）このアンチノミーが生じる根本の理由はなにか。
（3）この対立的矛盾を超えて、理性は世界についての何らかの確実性に達しうるのか。

アンチノミーの矛盾は、哲学において、延々と続く弁証論的議論の競技場をすでに長く展開してきたが、決して決定的な解決を見出すことができなかった。私は、双方の言い分をさらに徹底的に展開し、この対立を極限まで推し進めることによって、この議論が決定的な答えを出すことのできないその本質的理由を示す、という方法をとろうと思う。

## 第一アンチノミー（先験的理念の第一の自己矛盾）

［正命題］　世界は時間的な始まりをもち、また空間的にも限界を有する。

［反対命題］　世界は時間的な始まりをもたないし、また空間的にも限界をもたない。

1　正命題①「世界は時間的始まりをもつし、また空間的な限界をもつ」の証明

**『世界は、時間的な始発点をもたないと仮定してみよう。すると、どの時点をとってみても、その点までには、すでに無限の時間が過ぎ去ってしまっていることになる。だからまた、世界におけるものごとの時間的な継起の無限の系列が、すでに経過してしまっていることになる。しかし、時間継起の系列が無限であるとは、時間の継起的な綜合をどれだけ続けても、決して終わりに達しないということを意味する。したがって、過去の時間のうちに世界の無限の継起の系列が過ぎ去っている、ということはありえない。それゆえ、世**

**界がこうして現実に存在している以上、必ず世界の時間的な始発点が存在していると考えるほかはない』**（竹田訳、454）。

〔☆⇓アンチノミーの議論は、『純粋理性批判』のなかでももっとも枢要の部分なので、竹田の意訳をおいて、とくにこの第一アンチノミーについては詳しく解説しておく。

この正命題の証明は、「世界は時間的な始発点をもつ」を証明するために、逆に「世界は始発点をもたない」と仮定して、それが論理的に成り立たないことを証明する、という形をとっている。この証明の議論をできるだけシンプルに整理するとつぎのようになる。

①もし世界に時間的始発点が存在しなければ、「現在」までには無限の時間が存在するわけだから、事象の変化の無限の系列が過ぎ去っているはずだ。

②しかし、事象の変化の無限の系列が過ぎ去っている、ということはありえない。なぜなら、無限の数列を数え終えることができないように、無限の系列が「過ぎ去る」、ということはありえないからだ。

③だから、無限の系列はまだ過ぎ去っていないというほかはなく、その結果、世界の時間的始発点がどこかに存在したと考えるほかはない……。

この議論は、ひいき目に見ても、誰もがよく納得できる「証明」とはいえない。それはここには、ある種の背理法＝帰謬《きびゅう》論（帰謬論は、二つの命題を立て、一方の命題の矛盾を指摘してそれが成立しないことを証明し、そのことでもう一方の命題の正しさを主張する論法。しばしばキベン論に用いられる）が使われているからである。

いま整理したものを、一文に置き直してみるとこうなる。

「開始点がなければ、過去に無限の時間が存在するのだから、変化の無限の系列が過ぎ去ってしまっているはずだ。だが、変化の無限の系列が過ぎ去るということはありえない。無限のものは数え尽くせないし、経過し尽くすことはないからだ。だから、有限の系列変化ということしか存在しえない。したがって、どこかに時間の開始点があるはずだ」。

この議論の「キベン論」のポイントは以下である（カントは自分の議論はキベンではないと断っているが）。

「無限の時間のなかでは無限の系列が過ぎ去っている ist abgelaufen」という言い方の含意は、「無限の時間のなかには無限の系列変化が含まれる」であり、だから、無限の系列の変化は「終わっている verflossen」はずだ、といわれる。そしてつぎに、いや、無限な系列は「終わる」ことはない。なぜなら無限なものとは数え終えることのできないものだから、と主張される。
もっと簡潔にすると、「無限の長さの系列も無限の時間のなかには入る。しかし無限の系列は終わらないから無限の時間のなかにも入らない」といっている。分かるようにこれは典型的なキベンというほかない。

あらかじめいっておくと、アンチノミーの議論全体を通して、このキベン的性格はまったく同じ構造で存在している。しかしそのことは、このカントの議論が誤っているということを意味しない。これについてはあとでもっと詳しく説明する。

要するに、ここでの「世界は時間的開始点をもつ」の証明は、誰にも納得できるものになっていない。それは、ゼノンのアキレスと亀のレトリックと同じく、時間的なものと実体的なもの（変化の系列）との混同によって作り上げられたキベン論になっており、読者はただ狐につままれたような気分になるだけである。

この理由のために、研究者でさえカントのアンチノミーの議論の意義をつかみ損ねていることが多い。しかしわたしの考えでは、にもかかわらず、カントはアンチノミーの議論によって、ある決定的に重要な「原理」を示している。

その原理とは、ひとことで、「形而上学」は不可能であるという原理である。だが、このことを理解するには、とりあえずこの長いアンチノミーの議論の全体をしっかり追う必要がある。

そのキベン的性質も含めて、もしアンチノミーの議論の核心を納得できたなら、そこに認識の問題についての、きわめて重要な「原理」が示されていることを理解できるはずだと、わたしは思う。そういうわけなので、ぜひこの難解なカントの議論につきあっていただきたい。」

## 2 正命題②「世界は空間的限界をもつ」の証明

第一アンチノミーのもう一つの正命題は、世界の「空間」は限界をもつ、というものだが、これは世界は時間的な出発点をもつ、の空間バージョンと考えてよい。証明は以下である。

ここでも、反対の命題を想定してみよう。すると宇宙（世界）は、ある「無限の全体」として存在することになる。しかし、これはありえない。その理由はつぎのとおり。

われわれは、直観できる範囲を超えたような大きさをもつものについては、これを部分の結合によって思い描く以外にはない。つまり、ある「一単位を繰り返しつけ加えてゆくこと」によってその全体を思い描くことしかできない［⇒たとえば、一億光年の長さをわれわれは具体的なものとして表象できない。そこで、まだなんとか表象可能な一光年という単位を一万倍したものとして一万光年の長さをイメージし、つぎにこれをまた一万倍してようやく一億光年の長さをイメージする」。

そこで、われわれが全宇宙を一つの無限の全体として考えるには、ある一定の単位の大きさ〔⇓たとえば太陽系など〕を脳裏でどんどんつなぎ合わせて、その完結にいたるまで行きつかないといけないが、それは不可能だ。

なぜなら、「無限の大きさ」とは、そもそもどこまで単位を継時的に綜合しても決して「完結しない」、つまり〝終わらない〟ということなのだから。

だから、無限の大きさの空間が、一つの全体として同時的に与えられている、ということはそもそも不可能である。したがって、世界は一定の限界をもつとみなされねばならない。これが正命題の証明である。

〔☆⇓**『換言すれば、無限の時間は、並存する一切の物を剰すところなく枚挙することによって、経過したものと見なされねばならない、——しかしこのことは不可能である。それだから現実的な物の無限の集合は、与えられた全体と見なされ得ないし、従ってまた同時的に与えられているものと見なされ得ない』**(篠田訳、456)。〕

〈反対命題の証明〉　世界は時間的始まりも、空間的限界ももたない。つまり時間的、空間的に無限である。

（1）世界は時間的始まりをもたない

正命題と同じく、逆に、世界は時間的開始点をもつと仮定しよう。すると開始点の前には、まったく何も存在していない、いわば「空虚な時間」があったことになる。

しかし完全に「空虚な時間」のうちでは、事物の生起はまったく不可能だ。でなければ、完全な無から有が生じたということになってしまう。これはありえないから、世界は、絶対的始まりをもたないと考える以外にはない。つまり世界は時間的に無限である。

（2）世界は空間的限界をもたない

同様に、世界は空間的限界をもつと仮定しよう。すると宇宙は、それ自体は限界をもたないまったく「空虚な空間」に限界づけられ、この「空虚な空間」の内側にすっぽりと存在している、という関係にあると考えるほかはない。しかしこれはありえない。

そもそも「空虚な空間」とは、そこにどんな直観の対象も存在せず、およそどんな事物間の関係ももたないような空間なのだから、そういう関係をもつこと自体が背理である。それゆえ世界は、空間的にも限界をもたない。

〔☆⇓「世界」の時間空間の限界の問いについての、アンチノミーの議論の全体構造をもう一度整理すると以下のようになる。まず、時間の限界の証明と反証明、空間の限界の証明と反証明は、同じ構造になっていることに注意しよう。

正命題（世界には開始点があり、限界がある）

1　世界の開始点についての推論

① 世界の開始点がなければ、いままでに無限の時間が過ぎ去っている。
② すると、無限の時間的継起の系列が過ぎ去っている（終わっている）はず。
③ だが、無限の継起の系列が過ぎ去る（終わっている）ということはありえない。
④ したがって無限の時間が経過したということもありえない。
⑤ だから世界の出発点が存在するはず。

2　世界の限界についての推論

① 世界の限界がないとする。つまり世界は無限の量をもつ全体である。
② 「無限の全体」は、部分の継起的綜合の完結（ある単位をつぎつぎに加えつづけて完成にいたること）によって与えられる。

③しかし、「無限」とは、どこまでつなげても完結されえないということである。
④ゆえに無限の大きさをもつ「世界の全体」というものはありえない。
⑤だから世界は有限である。

みてきたように、この「正命題」の議論は、二つともキベン論である。そのことは、これを「無限の長さの線分」におきかえるとよく分かる。

①無限の長さをもつ線分の全体、というものはありえない。なぜなら、
②線分の「全体」とは、ある単位の長さ（大きさ）を無限につなげていって完結にいたるということ（継起的綜合の完結）。
③しかし、継起的な綜合（つなぎ合わせ、つけ加え）を〝無限回〟おこなうとは、つまり綜合が決して完結しないということ。
④だから、無限の長さ（大きさ）の全体、というものはありえない。
⑤したがって、「無限の時間」も「無限の空間の全体」というものも、存在しえない。
⑥それゆえ、世界は、時間的にも空間的にも有限である。

正命題のキベンのポイントは、すでにみたようにまず世界が無限ならそれは「無限

の全体」である、という概念を作っておいて、「無限の全体」はありえない、ことを証明する点にある。

しかし世界が無限だということと、世界が無限の全体であるということは同じでない。哲学的には、ここでは「無限」や「全体」という概念の本質が十分に解明されないまま、ただ量的なイメージで使われている。そのことがキベンを可能にしているのである。


反命題についても簡単にみよう。

1・2　世界の開始点と世界の限界はない。

これは、どこかに始発点があると主張すると、われわれの理性は、完結性まで進む推論の能力だから、どこまでも、ではその前はどうなっていたのかと訊ねる「権利」をもつ。誰もこれに絶対的には答えられない。

ここが世界の限界だ、と主張すると、ではその限界の外側は「無」（空虚）なのか、と問いたくなる。すると「無」が外側に存在しているというのは変だ、ということになる。

要するに、絶対的な限界を指定すると、理性はではその「向こう」は？　とどこまでも訊ねることができ、誰もこれに明確に答えられない。だから反命題は、比較的分かりやすい。しかし、相手が答えられないから、その逆である自分の立場が正しいという推論が、そもそもキベンの典型であることはすぐに分かるだろう。

こういう詭弁論（背理法とか帰謬論という）は、大昔からある。答えはどちらかだけとはじめに決めておき、片方がそれを証明できないともう片方が正しい、というのはもちろん誤謬推理である（つまり独断論になる）。どちらも証明できないというのが妥当なのだ。

ともあれ、重要なのは、このあとのアンチノミーの議論もすべてこれと同じ構造になっているということだ。

つまり、どれも「無限」と「全体」という概念を実体的に使用することによって、相手がまちがっているから自分が正しい、という論法になっている。この点を注意すると読みやすくなる。

しかし、忘れてならないのは、アンチノミーの議論はキベン論であるにもかかわらず、その全体としては、きわめて重要な「原理」を提出しているという点である。それについては後に詳しくみる。」

# 第一アンチノミーへの注

〈正命題に対する注〉

ここでの二つの対立する議論は、決して「詭弁」ではない。その証拠に私は、もっと手軽に証明できる独断的な詭弁論を用いなかった。たとえばそれは以下のようなものだ。

量が無限であるとは、それ以上の大きな量はないということだ。ところがどんな与えられた量も、それに一を加えるとより大きな量にできる。だから、ある与えられた全体として無限は、決して「最大の量」とはいえない、という反対証明だ。

しかし、この証明はごまかしであって、ふつうわれわれが「無限」と呼んでいるのは、別に「最大量」ということではない。もしそうなら、宇宙全体の距離を∞光年だとすると、この「∞」はほかのどんな数より「最大の量」だということになる。

すると、その単位を違えれば、無限の大きさにも大小が出ることになる〔⇓たとえば「∞光年」は∞「マイル」より長い〕。しかし、そんなことは馬鹿げたことだろう。

要するに、「無限性」の概念は、一定単位の量をどこまで加えていっても、決して終わり（完結）にいたらない、ということである。だから、時間的には、いまの時点までに無限の時間が過ぎ去った、ということはありえない。それゆえ、時間は起点をもつはずだと証明したのだ。

「空間」の無限性についてはすでにみたが、空間は時間とちがって時間系列の長い線分のようには表象できない。しかし、大きさの全体をイメージするには、ある部分をつぎつぎにつけ加えていくという作業が必要だから、結局、事情は同じだと考えてよい。

ここでも、部分の綜合をいくら重ねても無限の大きさにまでいたることができないので、「与えられた無限の全体」をいうことは背理であり、したがって世界は空間的に有限だと考えるしかないのだ。

〈反対命題に対する注〉

反対命題、つまり、世界は時間的にも空間的にも「無限」であるという主張のポイントは、もしそれが有限なら「空虚な時間」とか、「空虚な空間」という、経験的には扱えない概念を呼び寄せる、という点にある。

ただ、ライプニッツ派の哲学者には、世界の限界を想定しても必ずしも「空虚」な時間や空間を考える必要はないと主張する者もいる。しかし現象としての時間や空間に限界を与えるかぎり、その外に何か「空虚なもの」(無)を考えるほかはなく、それは説明不可能になるのだ。
たとえば彼らは、「感覚界」（現象界）の代わりに、不可知の「可想界」なるものを思い描くことで、この難問を回避しようとするのだが、ここで問題になっているのはあくまで「現象の世界」の総体という理念なのだから、この解決はごまかしというほかはない。

**第二アンチノミー（先験的理念の第二の自己矛盾）（物質の合成）**

［正命題］　世界において、合成された実体はすべて単純な部分からなる。また世界には「単純なもの」か、あるいは「単純なもの」からなる合成物しか存在しない。
［反対命題］　世界におけるいかなる合成物も単純な部分からなるものではない。また世界には、「単純なもの」はまったく存在しない。

〈正命題の証明〉（世界は単純な部分からなる）
① どんな事物も必ず「合成」されて存在している。
② 事物は、もっとも単純な実体から合成されているか、それとも単純な事物はなく、事物はどこまでも分割されるかのどちらかである。

③しかし後者の場合は、あらゆる事物は、どこまでも行っても合成されたものを構成する実体にたどりつかず、するとそもそも「合成」ということに意味がなくなる。

④だから、合成された事物は、必ず「もっとも単純な実体」をはじめの出発点としてもつと考えるほかはない。

〔☆⇒この第二アンチノミーのカントの議論は、正命題も反命題も、さほど複雑でないことがおそろしく曲がりくねった仕方で表現されているので、かなりパラフレーズしてある。しかし基本構造はシンプル。あとでまとめて解説する。〕

〈反対命題の証明〉(世界には単純な部分は存在しない)

①「もっとも単純なもの」は、それが「実体」的なものであるかぎり、絶対的な「最小空間」(=点)ではない。

②つまりどれほど極小の実体でも、必ず一定の空間の大きさを占める。

③だがあるものが「一定の空間」(大きさ)を占めるかぎり、そこには必ず「諸部分」(単純とはいえないもの)が含まれているはず。するとそれはまだ分割可能であるはずだ。

④だからそれは「絶対的に単純なもの」とはいえない。

〔☆⇒③がとくにややこしいが、本文はこう。『**だが、一つの空間を占めるどんな実**

**在物も、互いに別々に存在する多様なもの**〔⇓単純でないもの〕**を含んでおり、だからそれは合成されたものである』**（竹田訳、463）。〕

ちなみに、この反対命題は、つぎのような仕方で証明することもできる。

①「もっとも単純なもの」は、極小のものだから原理的に人間の感覚能力では知覚されない。

②つまりそれは、「理念」（抽象物）としてのみ存在する。

③したがって、現象（経験）の世界が問題であるかぎり、それは人間の認識能力では決して実証できない。

〔☆⇓この「もっとも単純なもの」についてのアンチノミーの正反二つの命題の「証明」では、正命題、反命題とも、キベン論理（帰謬論）の性格がきわめて強く出ている。

正命題のポイントは、もし最小単位がなければ、「合成物」の構成単位を求めて際限なく遡行してどこにもいきつかない。すると、何かが「合成」されているということ自体成り立たない、という点にある。

反命題のポイントは、もし仮に最小単位があるとしても、それをそれ以上分割できないといえる根拠は、経験的認識としてはどこにも存在しない、ということだ。

ここで注意すべき点は二つである。

第一に、「物を分割してゆくとどこかで最も単純な単位にゆきつくか、それともゆきつかないか」、という問いは、構造としては、宇宙の絶対的出発点にまでたどれるか、それともたどれないか、と同じ構造だということ。最小単位がある、というと、理性はではなぜそれをそれ以上分割できないか、と問い、それに誰も答えられないことになる。

もう一つは、これは、あらゆる「帰謬論」に共通だが、相手の議論の不完全性を指摘することで、自分の考えが正しいとみなすことである。Aである、と決定的にはいえないことは、Bが真であることの十分条件ではない。だから、論理的には、最小単位があるかないかについてどちらも決定できない、というのがよいのだが、双方とも、だから自分が正しいと主張する。

これを帰謬論的な独断論というが、じつはカント自身はそのことをよく自覚していることが、後のアンチノミーのまとめのところではっきりする。」

## 第二アンチノミーへの注

〈正命題に対する注〉

単純なものから合成されて「一」をなしているような全体を、私は「実体的全体」と呼びたい。ところでこのことは「空間」の場合には事物と同じようにはいえない。どんな大きさの空間も、最小単位から合成されたものではなく、それ自体が一つの全体であるとしかいえないからだ〔⇒空間は点にまで細分されうるが、じつは点はどんな量的な部分ももたないから、それがいくら合成されても、一定の部分にならない。だから空間は点から合成されたものとはいえない〕。

ここでいう「最も単純な部分」は、いわば「それなしには合成物がありえないような、その構成要素」を意味する。その点では、ライプニッツの「単子」に近いが、しかし彼がいうような最も単純なものとしての「私」(意識・魂)、といった意味では、この概念は使えない。

だからここでの「単純なもの」は、むしろ「原子」に近い。したがって、この第二アンチノミーの正命題を私は、「先験的原子論」とか「単子論の弁証的原理」と名づけておきたい。

〈反対命題に対する注〉

数学的には、物質は無限に分割されうるという命題はまったく自明のことだ。「単子論者」(最小部分があると主張する人びと)からは異論があるだろうが、彼らは、「空間」が直観の根本形式であるということを認めていない点で弱点がある。

単子論者の言い分は、まず最も基礎的な部分空間があって、それが集まってある大きさの空間があるということになるが、数学的には点が最小単位であり、これはいくら集まっても一定の空間を合成しないのだ。

単子論者たちは、要するに、空間を直観の基本形式とみなさずに、直観によってとらえられた何らかの事物を空間という存在の条件とみているのだ。言い換えれば、空間が事物を可能にしているのではなく、事物こそが空間を可能にしている、と考えるのである。

しかしすでにわれわれは、先験的感性論においてこういう考えをはっきり否定した。彼らの主張は、経験された事物を「物自体」と混同することではじめて成り立っているのである。

反対命題でつけ加えた、「もっとも単純なものを経験的に観察することはできない」という証明についてもいっておこう。

われわれの認識は、それが具体的な事物の認識であるかぎりは、あくまで経験的、直観的認識である。だから、「絶対的に単純なもの」やあるいはその全体性、つまり「世界の絶対的全体」といった対象を、客観的な認識としてとらえることは決してできない。そういったものは「理念」においてのみ想定されるだけで、原理的に経験不可能なのである。

そこから考えると、前に述べた、「私＝心」の絶対的単一性、つまり「思惟する私は、単純なものとして実在する」という主張も、経験的な認識としては現われえず、ただ理念的に想定されるだけだということもはっきりする。

## 第三アンチノミー（先験的理念の第三の自己矛盾）

［正命題］　世界の現象の変化の原因として、自然法則だけではなく「自由という原因性」が存在する。

［反対命題］　世界における一切の現象は自然法則の因果性のうちにあり、「自由」というものは存在しない。

〈正命題の証明〉（自由はある）

①　この世に自然法則にしたがう原因（自然原因）しかないと仮定してみよう。すると一切のことがらの生起は、その直前の「原因となるもの」を前提する。

②すると、この直前の原因はまたその直前の「原因」を前提し、このプロセスはどこまでも反復され遡行されることになる。

③するともし自然原因しかないなら「第一の始まりの原因」というものは決してありえず、つまりこの**『原因から原因へとさかのぼる原因の系列における完全性は、まったく存在しないことになる』**（竹田訳、474）。

④**『しかしそもそも自然法則とは、完全にアプリオリに規定された根本原因というものがなければ何ものも生起しない、ということを意味する』**（同右）。

⑤つまり、すべてが自然原因だけだとすると、この命題は自己矛盾に陥る。ゆえに、自然原因以外に何らかの「自由」という原因が存在するはずだ。

〔☆⇒ここも議論がかなり複雑になっている。正命題の主張のツボは、「そもそも自然法則とは、完全にアプリオリに規定された根本原因というものがなければ何ものも生起しない」というあまり分かり易いとはいえない考えにある。その意味は、「自然法則」という概念には、そもそも何か根本の原因というものがなければ何事も生じない、ということが含まれている、ということだ。

さて、つぎに、もしおよそ自然原因しか存在しないのなら、どんな出来事も、「原因」→「原因」→「原因」とどこまでいっても「第一原因」にいたらない（ふつうの答えは、世界創造者＝神)。すると、「原因から原因へたどる系列の完全性」は、まったく存在しない。つまり、一切はまったくの偶然だということになる。これがなぜ「矛盾」なのかはそれほどクリアではないが、ともあれ議論の構造としては明瞭である。
つまり、世界の出発点がない場合と同じで、もし「自由」という根本原因がなければ、理性はここでもまた、どこまで推論を続けても「系列の完全性」に達しないために満足できない、ということなのだ。」

〈反対命題の証明〉（自由はない）

①逆に「自由」という原因性が存在すると仮定しよう。すると原因―結果の系列は、どこかに「絶対的はじまり」をもつ、と考える以外にない。
②すると、この「絶対的な開始の作用」の前には、その原因となるものは何も存在しなかったことになる（つまり「絶対的な開始の作用」は「絶対的自由」である）。
③だがそれは不合理だ。というのは、「絶対的な開始の作用」は、それを引き起こすどんな「原因」もなく突然現われたことになるからだ。
④それゆえ**『「先験的自由」というものは、因果律に矛盾する』**。つまり「絶対的自由」は決して存在しえない。

## 第三アンチノミーへの注

〈正命題に対する注〉

「自由」という言葉は、経験的にはさまざまに理解されているが、先験的哲学の立場からは、ただ「行為の絶対的自発性」ということを意味する。

「自由」とは何かという問い、つまり世界の存在と変化については、根本的に「自ら始める能力」＝自由があるのかどうかは、哲学では長く躓きの石だった。

一つ重要なことは、「自由」が存在するとしてなぜこの能力が可能になっているかという問いに対しては、われわれは原理的に決して答えられない、ということだ。

というのも、世界のさまざまな事象を説明するうえで、「根本存在」や「根本原因」については（つまり物自体については）、われわれは決して答えられず、ただ現象の世界の根本原因として「物自体」の世界を想定するほかはないからである。

さて、いま世界の始まりが「絶対的な自発性の動因」（自由）なしにありえないことを証明したが、この「最初の一撃」のあとは世界はすべて自然法則にしたがうと考えてよい。しかしまた、いったん「自由」の能力をものごとの変化の原因として認めた以上は、われわれわれはこの世界のなかでも「自由」の能力が存在することを認めない理由をもたない。たとえば、私がいま椅子から立ち上がるとする。このことは、自然法則による系列からの「逸脱」だといえる。つまり、この私の「自由」の行為は、時間それ自体を開始したわけではないが、あることがらの系列の絶対的な開始であるとはいえるからだ。

〈反対命題に対する注〉（自由はない）

一切は自然法則のうちにあると主張する人びとは、自由は存在するという説に対してつぎのように反論する。

「もし君が、世界における時間的な始発点を認めないなら、世界における力学的な開始点（絶対的自由）を認める理由もない」、と。

しかし、私はつぎのようにいおう。「いったい誰が、世界について、絶対的始発点や絶対的開始点を設定せよと命じたのか」、と。世界はこれまでずっと無限に続いてきたと考えることも可能だし、それを確実に反証できる根拠はどこにもない。

たしかに、第一の開始点というものを想定しなければ、無限の系列の「全体」ということを整合的に説明することができない。しかしだからといって、この謎を「絶対的始発点」という想定によって解消するなら、われわれは他のさまざまな根本的な謎、つまり自然の根源的性質とか、そもそもなぜ自然は変化するのか、といった問題にもすべて「完全」に答えないといけないことになる。

だが、先にいったように、世界の存在それ自体については、ただあるようにある、というほかないのであって、われわれが知ることができるのは経験を通したことがらだけなのだ〔⇓物自体については知りえない、われわれはただそれが経験として現われている現象の世界だけを知りうる〕。

百歩ゆずって、かりに世界の変化の根本原因としての「先験的自由」なるものを認めるとしよう。その場合でも、それは世界の外側に存在するものとしか想定できない。そのような超世界的な「自由」は、世界の内に実体としてある「自由」とは決して考えられないからだ。

もしそのようなものを想定すれば、自然法則と自発的原因が世界のうちに並存することになり、自然法則の一貫性という大原則が崩壊してしまう。

その場合には、われわれにとって夢と現実とを区別する絶対的な規準すら確実なものではなくなってしまうだろう。自然の法則は、自由の法則とはまったく別のものであって、両者を同じ地平に存在するものとみなすことはできないのだ。

## 第四アンチノミー（先験的理念の第四の自己矛盾）

［正命題］　世界には絶対に必然的な存在者（無条件者＝至上存在）が実在する。
［反対命題］　世界の内にも世界の外にも、絶対的に必然的な存在者は実在しない。

〈正命題の証明〉（必然的存在者はある）
世界の一切の事象は原因の連鎖をもっているが、世界の全体が必然的なものとして存在するには、原因の原因の原因とたどって、最後に絶対的な原因となるもの、つまり「絶対的な無条件者」〔⇓無条件者とは、条件づけられていないもの、つまり、自分自身が原因であって自分以外の原因をもたないもの。つまり神のこと〕が存在するのでなくてはならない。そうでなければ世界はまったく偶然的なものとなるだろう。
ところで、この「絶対的無条件者」は、物自体の世界ではなくわれわれの現象世界（経験世界＝感覚世界）に属する。そうでなければ、感覚世界の事象の変化が、超感覚界の存在からの系列をもつことになってしまう。そんなことは自然法則からいって不可能である。
この理由で、「絶対的無条件者」はわれわれの世界に属するものとして存在する。ただし、それが世界の全体なのか〔⇓スピノザの汎神論説〕、あるいは一部分として存在するかは、ここでは問題にしない。

〔☆⇓第四アンチノミーでは、カテゴリーにおける④「様態」のなかの「必然性と偶然性」に焦点があてられている。つまり世界の存在はまったくの偶然なのか、それとも「絶対的無条件者」（神）によって根拠づけられているのか、という問いである。

その証明は、宇宙論的証明、つまり因果の連鎖をたどっていくと必ずはじめの絶対的な始発的原因にいたるはず、という議論を用いるので、基本は第三アンチノミーとほとんど同じだ。ただ、証明しようとすることの力点が、第三アンチノミーでは「絶対的自由」があるか否か、だが、第四アンチノミーでは、世界には絶対的に必然的な「始発者」が存在するのか否か、という点にある。

この「絶対的無条件者」は、ふつうにいえば神だが、ここでは世界が必然的かどうかが問題なので、「絶対的無条件者」という概念でとおしている。

これが存在しなければ、世界は、原因―結果の系列がどこまでも続いて、結局、世界の存在の全体は究極原因をもたないので、まったく偶然的なものになるということ。これが第四アンチノミーの正命題の第一のポイントだ。

第二のポイントは、この「絶対的存在」は世界の外側（彼岸）にではなく、われわれが属するこの世界（現象世界）の一部、あるいは全体として存在するはずだ、ということ。」

〈反対命題の証明〉（必然的存在者はない）

「必然的存在者」が世界の内にあるいは世界そのものとして存在している、という場合と、「必然的存在者」が世界の外にある、という場合とを想定して、それぞれ考察してみよう。

①もし世界の内に「絶対的無条件者」（必然的存在者）が存在するなら、このことは、一切の変化の現象を規定する力学の法則に反する。

②世界の全体が「絶対的無条件者」であるなら、世界の事象の変化の系列は、世界の内にはどこにも絶対的開始点をもたない。すると、世界の一切の部分は他の原因に依存しており、したがって世界全体が偶然的に存在するのに、世界の全体は絶対的な必然者であるということになり、これは不合理である（『**もし世界のうちの一部分でも絶対的必然的存在でないなら、その集合としての世界の総体も、決して必然的なものではありえないからである**』(481)）。

③つぎに、「絶対的必然者」つまり根本的世界原因が世界の「外」に存在すると仮定してみよう。

世界の事象の変化の系列はあくまで一つの時間のうちにあるはずだ。すると世界の外にある根本原因はこの時間系列の始発点にはなりえない。したがってこの仮定も成立しない。

こうして、世界の内にも、世界それ自身としても、また世界の外にも、絶対的に必然的な存在者はありえない。

〔☆⇓①が基本。②と③はバリエーションだが、あまり説得力はない。

まず①は、力学的法則では一切のものは何らかの力学的原因をもつが、「絶対的始まり」があるとすると世界は何の原因もなく存在しはじめたことになる。この論理は、第一アンチノミーの「世界の時間的始発点はない」という議論とまったく同じ。

②と③は論理としてはほとんど同じ。世界の変化の系列はすべて同じ時間の系列に属するはずだから、世界の根本原因が存在するとすれば、それは世界全体でも、世界の外にでもなく、世界の内に存在するものでなくてはならない。そうでないと世界は根本原因をどこにもたず偶然的なものになってしまうということ。〕

## 第四アンチノミーへの注

〈正命題に対する注〉

「絶対的必然者」の存在を証明しようとすると、哲学的には神の存在証明としてよく知られている「宇宙論的証明」が必要とされる。ただし、この「必然者」が「最高存在＝神」である、という理念については、「純粋理性の理想」のところで別に考えることにする。そこでここではただ、「絶対的始発原因」として考える。

〔⇒神の「宇宙論的証明」は、あらゆるものには原因があるから、ある原因のまた原因のそのまた原因の……という具合にたどっていくと、必ず最終原因に到達するはずでありそれが神である、という神の存在証明。〕

われわれが確認したのは、宇宙論的証明によってこれを考えるかぎり、変化の時間的系列の最終項として「絶対的原因」にゆきつくのだから、これを系列全体あるいは系列の外にあるものと考えることはできない、ということだった。

だが、多くの論者は、この事情を無視してさまざまな論理的飛躍をおこなっている。彼らは、世界の変化の系列は偶然的なものと考えるが、そのような世界それ自体には「絶対的世界原因」が存在すると考える。

この場合彼らは、「絶対的存在」を一つの「仮想的な存在」として想定しているわけだ。絶対原因を、世界の外に仮想的なものとしておけば、時間的系列のなかで考えないですむからだ。

しかしこのような説が不当であるのは、以下のことを考えれば明らかだ。

論理学的ないいかたでは、あるものの「矛盾対当」が可能ならそれは偶然といわれる〔⇓たとえば、もらった犬はオスだった。その犬はメスでありえた〕。しかしこんな経験的な意味での「偶然性」を、絶対的な意味での「偶然」と呼ぶことはできない。われわれの観点からは、どんな出来事にも必ずその必然的な原因があると考えねばならない。つまり、どんな変化であれ、ある新しい状態がそれ以前の状態という原因なしに、それ自体として生起するということはありえない〔⇓もらった犬がオスだったことには、原因の動かしがたい連鎖がある〕。

要するに、経験的世界での偶然性や必然性から、世界それ自体の絶対的な偶然性や必然性を推論することはできない。多くの論者は、この事情をわきまえずに恣意的に世界の偶然性や必然性を論じている。しかし「絶対的な第一原因」を想定するかぎりは、それは世界全体でも、世界の外にでもなく、世界のうちにあるものと考えるほかはない。

〔☆⇓ここでいわれていることは、「絶対原因」を、世界の外側につまり可想界に求める論者もいるが、これは「カテゴリー」の乱用、逸脱であって、成り立たないということ。カントの議論は「矛盾対当」の例などを用いてややこしいが、この例にとくに重要性はない。〕

〈反対命題に対する注〉

世界に「絶対的必然者」を想定しようとする正命題は、結局「宇宙論的証明」における困難にぶつかることになる〔⇓伝統的に、神の存在証明として、「宇宙論的証明」とともに「存在論的証明」があるが、これは、神の実在を、「神は一切の属性をもつという定義により、当然存在するという性質ももつ」という仕方で証明しようとするもの〕。

そこで、反対命題の立場としては、つぎのことを明らかにすればよいわけだ。原因系列の遡行は、経験的には、どこまでもさかのぼれるわけだから、決して絶対的な無条件者にゆきつくことはないということ。世界の変化の系列をたどる宇宙論的証明は、恣意的に「絶対的な第一原因」を想定しており、矛盾に陥っていること。

ところで、このアンチノミーには奇妙な対照が存在する。それは、正命題と反対命題の証明根拠が同じものであるということだ。

①正命題→絶対的必然者は存在する。なぜなら、過ぎ去った時間の全体は一切の原因（条件）の系列の全体なので、最後に「無条件者」（必然者）を含むはずだ。

②反対命題→絶対的必然者は存在しない。なぜなら、過ぎ去った時間の全体は一切の原因の系列を含むが、どの原因も必ず自分の原因をもっているはずだ。だから、絶対的「無

条件者」（絶対原因）は存在しない。

この対立の原因はつぎのようなことだ。正命題は、一切の事象の系列の絶対的「全体性」ということに重点をおく。するとどこかに「絶対原因」を想定しないと系列の全体が完結しないので、そこから「絶対的必然者」が導かれている。

これに対して、反対命題は、事象の系列の「偶然性」〔⇓どの事象も自己原因ではありえず、自分の「原因」をもつこと〕に重点をおくので、絶対者はどこにも存在しないことになる。

## 第三節　これらの自己矛盾における理性の関心について

みてきたような世界についての四つのアンチノミー、つまり、世界の時間的始発点と空間的限界、物質の究極単位、根源的な自由、最高原因という問題は、これまで哲学者のみならず、数学者たちにとっても世界についてのもっとも重要な謎でありつづけてきた。そして誰もこれに明確な答えを与えることができず、いま確認したように、対極的な意見の対立を生み出しつづけてきたのだ。

世界についてのこの根本的な謎を解明することは、哲学にとって本質的な課題なのだが、そのためわれわれは、さしあたりつぎのように問いを立ててみよう。

つまり、「いったいなぜ、この問いにおいて、とくに決定的な証拠をもつわけでないのに、それぞれの側が二つの推論のどちらかにはっきり加担し、厳しい対立を生み出してきたのか」、と。

この問いに答えるために、まず、四つの正命題と反対命題の二つの系列をよく眺めて、その答えの特徴を取り出してみよう。するとつぎのことが分かる。

まず、正命題の系列〔⇓世界は出発点と限界をもつ、物質は最小単位をもつ、自由、絶対的必然者は存在する〕の特質は、純粋理性の「独断論」であるということ〔⇓世界はかくかくである、と独断的に決定する〕。

つぎに、反対命題の系列〔⇓世界は出発点と限界をもたない、最小単位はない、自由も絶対的必然者も存在しない〕の特質は、理性の「経験論的原理」であるということだ〔⇓世界認識は必ず、経験的な限界を超えられないと主張する〕。

そして大事なのは、この双方の答えには、それぞれ独自の「関心」があるということだ。

まず前者の「純粋理性の独断論」のもつ関心を、以下の三点に整理できる。
① 実践的関心……この系列の答えを与える人は、およそ心根のまっすぐな人であって、世界の明確な秩序だけでなく、魂の不死、神を信じ、また人間の自由と道徳的責任を認め

ようとする。これらは、いずれも「道徳および宗教」の礎石をなすような「関心」であるといえる。

②思弁的関心……世界についての独断論は、世界の全体像について、あるいは完全性について明快かつ究極的な解答を与えようとする。つまり世界における「無条件者」「絶対的必然者」を前提する正命題に与《くみ》する。

これに対して、反対命題では、系列はどこまでも遡行され、分割はどこまでも続くから、世界の総体についての決定的な答えを取り出せない。このために、人びとに、曖昧で不定な世界像しか与えることができない。

③通俗性……世界についての独断論は、一般の人びとに理解されやすい通俗性という長所をもつ。第一開始者が存在するという考えは、常識的な人びとに心の安定を与えるからだ。

世界についての常識的な像は、その全体性・完結性を思い描く自然な傾向をもつから、原因から原因へとはてしなくさかのぼるという考え方より、むしろ根本的原因をおいてそこで満足しようとするのだ。

つぎに世界についての「純粋経験論」のほうは、むしろ人間の自由と道徳に対して、否定的な考えを示す。世界に創造者は存在しない、意志の自由というものも虚妄、魂の不死もないという考えは、われわれの道徳の理念にとってきわめて破壊的な考えである。

その代わりに、ここでは、理性についての「思弁的関心」が優位を保っている。「経験論」は、悟性と理性の受けもつべき領域をはっきり区分することを求め、理性が決して確定できないことまで推論して独断論的な結論を下すことを非難する。

この点では、経験論の考えは重要な意義をもっている。つまり、理性が世界の全体像や完全な像を思い描くことに歯止めをかける役割を果たしているからである。

しかし、経験論も、その主張をよく聞いてみると、それ自身もある種の「独断論」に陥っていることが分かる。

たとえば古代ギリシャで、哲学者エピクロスは、プラトンのイデアの考えに反対して、絶対的存在や魂の不死を認めず、世界の一切は偶然的でしかないと主張した。ここでプラトンの考えは正命題の側に立っており、これに対して、エピクロスは実証的、経験的知識を重んじる反命題の立場にある。

しかし、創造者や魂の不死は確実にあるかどうかは分からないというだけならよいのだが、経験論は、しばしばこれを超えて、世界は偶然であり創造者も存在せず魂の不死もありえない、というそれ自体独断的な結論に固執するのである。

ところで、この正命題と反命題の対立議論において、一般的にいって経験論はまったく不人気であるといわねばならない。というのは「独断論」はいわば世界についての「常識」の立場に立っているからだ。きわめて学のある人びとでも、ふつうはこの立場を超え出ることは少ない。

常識的な思考は、客観的に証明できないことについてしばしば独断的な断定を下そうとする。常識は、概して、習慣的になった考え方を真理であると思いこむ。厳密で思弁的な考えはひっこみ、「実践的関心」に重きを置こうとするのだ。したがって、哲学的思考という点では、経験論に優位があるが、しかし一般の人びとにとっては、常識的な独断論がはるかに人気が高い。

つまり、人間の理性は、本来「建築術的」、つまり体系的であり、全体性や完全性を思い描こうとする本性をもっている。正命題はこの理性の思考の一般的な傾向を代表するわけで、したがって一般的には、正命題に加担する人が多いのである。

さてしかし、いまみたような「関心」を取り払って純粋に理論的に二つの命題を吟味すれば、われわれはそこに動かしがたい決定不可能性を見出してとまどうことになる。

一方でわれわれは、人間の意志の自由を信じたいのだが、論理を徹底するかぎり、絶対的な自由というものを根拠づけられないことに気づかざるをえない。しかしまた一方で、現実の行為が問題になるところでは、このような思弁的な懐疑は単なる思弁の戯れとしか思えなくなるのである。

## 第四節　絶対に解決せられえねばならぬ限りにおける純粋理性の先験的課題について

あらゆる問いにすべて答えることができるなどと公言するのは、恥知らずな大法螺《おおぼら》吹きである。しかし正しい認識なぞどこにもないなどという否定的な意見も、これに劣らず愚かな浅慮というほかはない。

哲学において何より重要なのは、いったいわれわれの問いというものがどういう本性をもっているのか、そして、明確な答えが与えられる領域とそうでない領域を本質的な仕方ではっきり区分できるかどうか、に答えることなのである。

そこで、われわれにまず現われる課題はこうである。先験的哲学において、純粋理性で答えられないような問題があるとすれば、それはどういう問題であり、またその理由は何であるのか。

これに対して、私はつぎのような原則を主張したいと思う。

つまりそれは、「純粋理性に与えられた対象に関する問題で、この同じ人間理性によって解決せられえないものは一つもない」ということだ。われわれ自身が純粋理性を使っている以上、われわれはその規則の原理や特質を知っているはずだからである。

あるいは、こうもいえる。われわれが何らかの先験的な「問い」〔⇓世界の完全性や全体性についての問い〕を立てるとき、そもそもこの問いを可能にしているのはわれわれの「理性の概念」、つまり理念のあり方である。したがってその答えは、この理念の本性自体のうちに含まれているのである。

先験的理念の問いは、必ずその一切に答えうるといういいかたは大仰に聞こえるかもしれない。しかしつぎのように考えてみよう。

たとえば、数学では、公理や定理の前提が明確なら、経験によらずにさまざまな問いは厳密な仕方で答えられる。これは数学が経験を介せず、純粋な理性（の概念）の使用のみで成り立っているからである。のちに論じるが、道徳哲学の領域においてもほとんど似た構造がある。

これに対して、自然科学の認識においては、その経験的確実性をあらかじめ取り出すことは原理的に不可能である。それは必ず、われわれの経験と発見に応じて徐々に姿を現わしてくるだけなのである。

われわれが先験的な問いをうまく解決できずアンチノミーに陥ってしまうのは、この問いが、まさしくそういった「理念」の本性の問題であるのに、われわれがこの理念を「現実的な対象」と対応しているかのように考えてしまうからだ。言い換えれば、「理念」の本性を解明すべきなのに、これを「経験的現実」の確証の問題として考えるからなのである。

このことが腑に落ちれば、先験的な問いに対して、「宇宙論的理念」という理念の本性を解明することによって答えられる、ということがよく理解されるはずだ。というのも、ここでは問いそれ自体を作り出しているのが、まさしく当の理念の本性だからである。するとつぎのようにいえる。さきにみた先験的宇宙論の問い（世界の全体性や完全性）は、世界は現実にはどのようなものかということ、に答えるべき問いではない。それは、もっとも本質的な仕方での「批判的解決」が与えられるべき問題なのである。

われわれは、世界の存在の全体性や完全性について根本的な説明原理を求めている。そして、じつはそのことで「物自体」を認識しようとしているのだ。だがわれわれは、一切の知覚をあげても、時間と空間という形式において現われた経験世界しか認識できず、「物自体」、つまり「無条件的なもの」を認識することは原理的にできない。

こうしていまや、アンチノミーという難問の本質は、われわれが「絶対的全体」という一つの純粋理念にほかならぬものを、「経験的に認識可能な客観の全体」と混同することによって生じたものだったことが理解される。アンチノミーにおける両極の答えは、不確実だというよりむしろ本質的に「不可能」なのである。

われわれの立つ「批判的解決」の立場は、宇宙論的問題を「客観的に」考察しそれを説明するのではなく、この問題を生み出した「世界の絶対的完全性という理念」の本質を解明することによって、この難問を解いたのである。

〔☆⇓**『それだからかかる独断的解決は、不確実であるなどというきわめてのものではなくて、まったく不可能なのである。これに反して批判的解決は、宇宙論的問題をなんらかの客観に関して——換言すれば客観的に——考察するのではなくて、そもそもこの問題を生ぜしめたところの絶対的全体性の理念に関する認識に基づいて考察するのであるから、完全に確実であり得る』**(篠田訳、512)。〕

## 第五節　すべてで四個の先験的理念によって示される宇宙論的問題の懐疑的表明

われわれは世界についての四つの宇宙論的問いが、すべてアンチノミーを形成することをみてきたが、いまではこの問いの不可能性を、つぎのような考え方によってもっと明瞭に理解することができる。

つまりそれは、与えられた条件から、その系列をある全体性や完全性にいたるまでさかのぼって推論することをやめないという理性の本性から考えれば、アンチノミーの正命題、反命題の答えが、必ず理性にとって「過大」であるか「過小」であるかになる、ということだ。

(1) まず第一アンチノミーでは、世界が始まりをもたないとすると、世界は、われわれの理性＝悟性にとって「過大」である。理性の推論は、どこまでその時間の系列を逆にさかのぼっても、決してその「全体性」に達することができない。

また逆に、もし世界が始まりをもつなら、理性はこの限界の「その前は？」と訊ね、ここにどんな答えも見出せない。そのため「世界」は理性の能力にとって「過小」なものとなる。

(2) 第二に、物質の最小単位についても同じことがいえる。もし物質が無限に分割されるというなら、理性は決して系列の最終項に到達せず、この問いは理性にとって「過大」となり、逆に分割が「もっとも単純なもの」で終点に達するとすれば、理性はそれがなぜ分割されえないかの答えを与えられない。そこでこの答えは、理念の完結性にとって「過小」となる。

(3) 第三アンチノミーの自由という原因の系列でも事情は同じだ。もし第一の「自由」(原因)がなければ、われわれはどこまでいっても根本原因にたどりつけず、因果連鎖は無限の系列となる。逆に第一原因としての「自由」を想定するなら、理性はこの「第一原因」のそのまた原因を問い、これには答えられない。したがって、前者では世界の系列は「過大」となり、後者では「過小」となる。

（4）第四の問いは必然的な存在者にかかわるが、もし世界の究極的根拠〔⇓神〕を想定しないなら、世界の一切は偶然的な閉じられた全体となって、理性にとって「過小」となり、逆に世界に「絶対的な必然者」を想定すれば、この存在はわれわれの経験的概念にとって決して到達しえないものとなり、世界は「過大」なものとなる。

〔☆⇓（3）と（4）は、内容的には、絶対的存在（神）を想定するか、しないかという点でほぼ同じだが、カントの書き方は、（3）では絶対者をおくと世界は「過小」だが、（4）ではこの絶対的無条件者は、経験概念を超えているので「過大」である、といういい方で逆になっている。

ふつうに考えると、逆のようにも思えるが、一切の根拠関係が偶然である世界は閉じられているので有限だ、という考えのようだ。〕

こうして、結局のところ、どの世界理念でも、それぞれの答えは、どこまでも系列をたどる理性の推論能力にとっては（悟性概念で処理できる範囲を超えて）、「過大」であるか「過小」であるかのどちらかになる。

そして、その本質的理由は、ここでも、われわれは「世界の完全性や全体性」という「理念」としてしか問えないことがらを、あたかも経験的に認識できる問いであるかのように問う、という点にある。

## 第六節　宇宙論的弁証論を解決する鍵としての先験的観念論

われわれはつぎのことを確証してきた。感性（時間・空間という形式をもつ）において直観される一切のものは、あくまでわれわれに経験される「現象」としての世界であって、「物自体」としての世界ではない。言い換えれば、人間は、その感性形式を通して自分に入ってきた世界の像しか認識できず、その「おおもと」である「物自体」は、決して経験されないものとしてとどまる。

この学説を、私は「先験的観念論」と名づける。

実在論者は、この「現象」にすぎないものを、実在物＝物自体と考えているのだ。また経験論的観念論者〔⇒イギリス経験論者、ロック、バークリー、ヒュームなど〕は、ただ一切が現象であると説くだけで、「物自体」の概念を把握することができない。

重要なのは、われわれが実際に認識できるのは、『**知覚から知覚へと経緯する経験的進**

行だけ』」、つまり時間・空間という感性の形式を通した対象についての表象とその判断だけだ、ということだ。

言い換えれば、われわれが把握しているのは「物自体」の表象ではなく、それが感性を触発してわれわれに現われるその「現象」にすぎないのである。

この両者を明確に区別し、その理由を理解することが、アンチノミーの議論を本質的に解明するために必須のことなのだ。

ちなみに、「現象」は知覚や悟性を通して生じる表象である。すると「過去」に存在した事物(出来事)といったものも、「それ自体」(物自体)としてではなく、われわれの記憶に現われる素材から形成される、「過去の出来事」という「現象」にすぎないことが分かるだろう。過去の存在もまた、ある意味で「物自体」なのである。

「世界の全体や完全性」という言葉によって、われわれは暗黙のうちに、「世界のあるがままのほんとう」、つまり「物自体」としての「世界の全体」を思い描いている。しかしわれわれはそれを、感覚的対象の総体、つまり経験できる世界の総体と混同するのだ。

たとえば、われわれは、「もし私がどこまでも宇宙空間を進んでゆけるなら、無限の彼方にある遠い星をみることが可能である」ということができる。また「かつて誰も一度もみたこともなく、またこれからも誰もみられないような星が、宇宙には存在するだろう」

と主張することもできる。しかしそれは、これらのことがあくまで経験可能なものとみなされるかぎりにおいてなのだ。

われわれが、もし私にどんな遠い場所にも行ける能力があるなら、「物自体」としての世界全体を知ることができるといえば、それはまったくのまちがいである。「物自体」としての世界は、原理的に人間に経験できないものだ。このことが理解できるか否かに、この問題の本質の解明はかかっているのである。

## 第七節　理性の宇宙論的自己矛盾の批判的解決

純粋理性のアンチノミーの四つの議論を論理形式として考えてみると、つぎのようなかたちをとっている。

①「大前提」……いまここにある「ことがら」があれば、その原因の全系列もまた存在する〔⇒たとえば、いま私が存在するかぎり、その両親、またその両親、またその両親……とどこまでも続く系列が存在したはず〕。

②「小前提」……どんな経験的事象も、必ずその原因をもっている。

③「結論」……一切の「ことがら」について、その原因の系列の全体が必ず存在するはず。

この論理的推論のどこがおかしいかを考えてみよう。

①の「大前提」は、それ自体正しい推論というほかはない。②の「小前提」もそれ自体としては正しいから、ここから③の結論を導くのは正しいことのように見える。

しかし、じつはアンチノミーの議論において、①の「大前提」では、世界は「物自体」として想定されている。だが、②の「小前提」では、世界は「経験世界」（現象世界）にすぎない。それゆえ、「結論」は、論理的にみて、異なったクラスの混同によるものだ。つまりここでは「物自体」のレベルと「現象世界」のレベルとが混同されるために、誤った結論が導かれているのである。

だが、何度もいうように、この混同はいわゆる詭弁論のように作為的なものではなく、人間の理性にとって必然的なものなのだ。

つぎのように考えることもできる。

「世界は無限か、有限か」。これを「物自体」としての世界についての問いと考えれば、これはいわば「分析的対当」（必ずどちらかが正しいといえる）であって、問いとしては成立する。しかしわれわれには決して答えが出せない。

しかしこれを「現象としての世界」の問いと考えれば、「弁証的対当」の問い（みせかけ上のどちらかが正しいという問い）となる。

さて、ここで問題の、「世界は空間的に無限か、それとも有限かのどちらかである」という命題を考えてみよう。要点は以下になる。

もし世界を「物自体」として考えるなら、「世界は量的に無限、あるいは有限」という対当は「分析的対当」で、必ずどちらかが正しいことになる。

しかし、世界を「現象」、つまりわれわれに経験されるかぎりでの世界とみなせば、この対当は、どちらかが絶対的に正しいとはいえない「弁証的対当」となる。われわれの経験的認識は、それ自体、決して完全な全体に達することはないからだ。

『**こうして、宇宙論的理念におけるアンチノミーは解消する**』(534)。宇宙論的理念についての四つのアンチノミーは、すべてこの「みせかけ上のどちらかが正しい」という問いによって成り立っていたのである。

## 第八節　宇宙論的理念に関する純粋理性の統整的原理

理性が世界の全体について問うときには、経験的世界の範囲内で単位を綜合することでその対象の全体像を「構成」し認識する「構成的原理 konstitutives Prinzip」を使うことはできない〔⇒一兆円は、一千万円を千倍すると、百億円、それをまた百倍すると一兆円、という具合に「構成」できる。これが構成的原理」。これはあくまで経験の領域のなかでしか有効でないのだ。

世界の全体についての推論は、経験の領域を超えたものだから、ここではわれわれは、与えられたものから出発し、経験世界を超えてどこまでも推論を続けることで世界の全体像を想定する「統整的原理 regulatives Prinzip」を用いるほかはない。

つまり、われわれが世界の総体といったものを問うかぎり、「統整的原理」にしたがうほかはないが、この原理からは、「世界の全体」についての客観的な答えを導くことはできない。ただ統整的原理が理念として思い描く、その「像」をもつことしかできないのである。

ところで、ここで後の論述の前提として、理性の推論による系列の背進に「無限の背進」と「不定の背進」という二種類があることを確認しておこう。

たとえば、「直線をどこまでも延長せよ」というとき、その意味は「直線を引き延ばすことを止めてはならない」であって、これは「不定の延長」であり、ここでは延長し続けることが「課せられている」。

別の例をあげよう。ある両親からはじめて、親が子を、子がまた孫を、孫がまたひ孫を……、という具合にこの系列をどこまでも思い描いてみる。こういう前進的な推論では、系列の全体性はあらかじめ前提されてはいない。しかし、また逆に、いま「私」の存在からその親、そのまた親へと推論を背進することもできる。

系列の一つの項が与えられていて、そこから背進をどこまでも続けることが単に〝要請〟されているとき、それを私は「不定の背進」（不定の推論）と呼ぶ。これに対して、ある全体がすでに想定されていて、任意の一項からそれに向かって推論をおこなうとき、これは「無限の背進」である。

たとえば、一つの物質をどこまでも分割せよという場合は、この分割は無限に進行するが、全体はすでに想定されているので、これは「無限の背進」である。いまの「私」からその原因の系列を無限にさかのぼる場合は、やはりどこまでも終着点はないが、ここでは全体の想定がないので、「不定の背進」ということになる。

注意すべきは、この「不定の背進」では、系列の「全体量」が無限か有限かといったことはそもそも問題にならないということだ。

## 第九節　これら四個の宇宙論的理念に関して理性の統整的原理を経験的に使用することについて

アンチノミーにおける世界の「絶対的全体性」の難問は、われわれが「物自体」としての世界と、「現象」としての世界（経験的世界）を区別できないことから生じていた。言い換えれば、われわれはこの問いにおいて、理性の「統整的原理」を、経験的な世界の認識の道具として使用していたのである。

ここでわれわれは、アンチノミーの四つの命題にしたがって、それぞれの理性推理がどのように論理的な自己矛盾を起こしていたのかを、もっとくわしく吟味してみよう。

## I　現象を合成して世界全体とする場合にその合成の全体性に関する宇宙論的理念の解決

まず、宇宙の絶対的な大きさを問うとき、理性は系列の背進を続けるのだが、それは「不定の背進」ということになる(これに対して、物質の分割は「無限の背進」である)。ここではあらかじめ想定されている全体はなく、したがって、この推論によってわれわれは「宇宙の全体の大きさ」にまで達することは決してできない。だからまた、「世界は空間的に無限(の大きさ)であり、またすでに無限の(量の)時間が過ぎ去っている」、などということは決してできない。

そこで、われわれがこの問いに答えを出せるとすれば、ただつぎのようなものとなる。

(1)消極的解答……「世界は時間的に始まりをもたず、空間的には究極の限界をもたない」。つまり、世界の絶対的な限界というものは、経験不可能である。だがまた、世界は空間的、時間的に無限の大きさ(量)をもつ、ともいえない。

（2）肯定的解答……われわれが知ることができるのは、「経験的世界の系列における背進は、世界の量の規定としては、不定への背進である」、ということだけだ。そこで、経験的認識としては、われわれは、世界の「大きさ」について決して客観的認識をもちえない。

## Ⅱ　直観において与えられた全体を分割する場合におけるその分割の全体性に関する宇宙論的理念の解決

物質の分割の問いでは、理性の系列の背進は「無限の背進」のかたちをとる。ここでは全体の量は与えられているので、問題なのは最小単位にまでたどれるかどうかである。正命題は、最小単位にまでたどれると答えるが、もちろんこれは根拠をもたない。しかし有機体のような全体でこれを考えるときには、われわれはふつう、これを分解していって最後の実体にはたどれないとは考えない。それが可能な最小単位という像を与える理由だが、しかし逆に、空間を分割するような場合には、空間を分割して最後に最小単位にいたれるとは考えない。

いずれにせよ、われわれはこの問題を経験的に考えるくせがついており、そのかぎりで、最小単位をイメージしたり、またそんなものは存在しないと言い切ろうとするのだ。しかし、理性の示す原理は、この問いにおいて理性の推論は、客観的認識をもたらすことはありえないということである。

## 数学的――先験的理念の解決に対するむすびと力学的――先験的理念の解決に対するまえおき

さて、私はここで、アンチノミーの問い全体を、世界の全体性と物質の分割の問いを扱う「数学的アンチノミー」と、自由原因と絶対的必然者を扱う「力学的アンチノミー」とに区別したい。この区別は、アンチノミーの本質の解明にとって重要な意味をもっている。

すなわち、「数学的アンチノミー」では、双方の主張はどちらも独断論的な「誤り」として退けられたが、しかし「力学的アンチノミー」の問いでは、双方の主張は、いわば互いに相手が見落としていた不備を補いあって、双方に満足のいく「和解」が成り立つ可能性がある。

なぜなら、「数学的アンチノミー」は、いわば系列の全体が、同じ種類のもの（時間や空間）で構成されている。しかし「力学的アンチノミー」では、系列の外にある「ある可想的な存在」を認めるか否かが問題になっている。

そのためここでは、提示された二つの答えは、ともに独断的なものとして退けられるのではなく、むしろ「ともに真でありうる」ということも生じうるからである。しかしこれについては後に詳しくみよう。

## Ⅲ　世界の出来事をその原因から導来する場合におけるかかる導来の全体性に関する宇宙論的理念の解決

第三アンチノミーの問題は、純粋な「自由」という原因性が存在するか、それとも一切は自然法則のうちにあるのかという問いだった。

先験的哲学の立場からは、この問題はつぎのように定式化される。「数学的アンチノミー」においては、世界の全体量などについて独断論的な答えの対立が生じ、それはともに誤りとされた。しかし力学的アンチノミーにおいては、「およそ自由は可能であるかどうか」という問いが立てられるが、それはどちらもま・ち・が・い・という仕方では答えられない。

ここではつぎのような考え方が可能である。

もしわれわれの経験する世界がそのまま「物自体の世界」だとすれば、一切の原因は一つの厳密な法則のうちにある、と考える以外にはない。しかし、この世界を「現象としての世界」だとみなせば、この「経験世界」を可能にしている「可想世界」および「可想的な原因」の存在を想定することは、なんら不可能なこととはいえない。

そこでわれわれは、ここではどちらの答えも独断論的な「まちがい」であるとはいえず、むしろ、どちらの答えも「可能である」ということになる。

## 普遍的自然必然性と結合された自由という宇宙論的理念の解明

右にみた問題を、もう少し詳しく吟味してみよう。

なにより中心的な問題は、われわれは完全な「自然的原因」とともに、「自由という根本原因」を同時に認めることができるだろうか、ということである。

私はこれに対してもう一度こう答えよう。この世界を現象の世界とみなすかぎり、つまり経験的事象の系列の総体と考えるかぎり、系列を自ら絶対的にはじめる原因というものは想定できない。あらゆることがらはその自然的原因をもたねばならないからだ。しかしそうだとしても、あらゆる「原因」はすべて必ず経験的原因であるとはいえない。

つまり、自然原因のなかにはまったく可想的意味での原因（＝純粋な「自由」原因）も含まれている、と想定することは、悟性の判断に根本的に矛盾するわけではない。そのような想定は可能なのである。もちろんいったんこの自由が結果をもたらせば、それはまた厳密な自然法則の系列につながっていくものとなる。

こうして、つぎのようにいえる。

単なる事物、あるいは動物的な生命しかもたない生き物でさえ、その運動の原因はあくまで自然原因である〔⇒たとえば動物の餌を摂ろうとする欲望は、「空腹」という動物の自然性を原因とする〕。人間もあるレベルでは、動物的身体の自然性のうちに属している。

しかし、人間はこのような自然原因に規定されている自然存在であるとともに、同時に、「自由な」意識をもった存在でもある。そのことは人間が、道徳的行為をなしうることにおいて明らかである。

「かくかくの善きことをなせ」という道徳的命法は、実践的な行為においてわれわれが自分自身に対して「当為Sollen」の命令を与えるが、これは自然的欲求の原因性を超えたものだ。

この「為すべしsollen」という命法の根拠は、ほかの自然、つまり動物的自然においては決して存在しえない。この「為すべし」は、人間の理性という原因性のみから出てくるものであり、あくまで自然法則のうちに属する「感性的原因性」からはっきり分離されねばならない。人間の理性から由来する「為すべし」は、現象としての自然の連関からの決定的な逸脱なのである。

だがもちろん、そもそもどんなことがらもその規定条件をもつというのが「原因」の概念の本質である以上、人間の「意志」といえども、それ自体何らかの自然原因の系列をもつと考えることは論理的に矛盾ではない。

だからもしわれわれが、自分の自由意志の真の原因を完全に知るなら、そこには完全な「自由」は存在しないかもしれないと考えることも可能なのである〔⇓スピノザの考えはこれに重なる〕。

しかし一方で、われわれが、理性の意志という原因性は、じつは自然原因とは違って、われわれが知りえない「可想界」（物自体の世界）から現われたものかもしれないと考えることも、まったく同じ権利で可能なのである。

このことはなるほど絶対的には証明できない。しかしまた理性の意志が、完全に自然原因のうちにあるということも同じく証明できない。

こうしてわれわれは、はじめの結論に達する。

つまり純粋な「自由」があるか否か、という問いは、どちらの答えも完全にまちがいであるというのではなく、どちらの答えも等価な仕方で成立しうる、というのが妥当なのである。

## Ⅳ　現象の現実的存在に関して現象一般の依存の全体性に関する宇宙論的理念の解決

第四アンチノミーの問いは、世界の存在が必然的か偶然的か、ということである。すでにわれわれがみたのは、世界の存在はまったく偶然的で絶対的な必然者は存在しない、という主張と、「絶対的必然者」は存在するという主張との対立だった。

しかしこの対立も、すでにみたように、われわれが感性界と可想界をはっきり区分して考えるかぎり、本質的な解決に達することができる。

ここでの問題は、絶対的な「自由」という原因性の存在ではなく、世界の存在の必然性ということである。そして困難は、理性の推論をたどるかぎり、あらゆる事象の根源的根拠としての無条件者にいたることはできないという点にあった。

この世界を感覚世界とみなすかぎり、この推論は避けがたいものとなり、このとき世界全体はただ偶然的に存在するものになる。

しかし、ここでもわれわれは、この現象世界の因果関係の全体性を根拠づけている可想界が存在し、そこに存在する何らかの絶対的な必然者がこの感覚世界の全体を根拠づけていると想定することは、なんら不合理で不可能なことではない、といわねばならない。

一切が自然的な因果だけで結ばれている偶然性としての「現象としての世界」と、その必然的根拠としての「可想界」が存在するという考えは、なんら矛盾せずに両立しうるのである。

## 純粋理性の全アンチノミーに対するむすび

こうして、いまやわれわれは、哲学において長く解きがたい対立となっていた世界についての根本的な先験的理念、つまり「宇宙論的理念」についてのアンチノミーの難問は、完全に解明された、ということができる。

このアンチノミーが解けない難問だったその理由は、われわれが現象界と可想界という二つの世界を本質的なものとして区分できず、これらを混同したまま問題を解こうとしてきたことにあったのだ。

しかし、この結論は最後の答えではなく、われわれをつぎのより重要な哲学的課題へ導く。それはつまり、ここでわれわれが確認してきた「可想的なるもの」の本質をとらえる、という課題にほかならない。

それは、経験的な認識によってとらえうるものではなく、あくまでわれわれの理性の本性のうちに探究されねばならない。以下の章で、われわれはこの課題に踏み込むことになる。

## ☆章末解説③

先験的弁証論は、理性が、世界認識について、本来の限界を超えて推論をおこなうために作り出す誤った推論について論じる。ここでの弁証論は、ヘーゲルの弁証法(ディアレクティーク)とは意味が違う。偽りの弁証(レトリーク)というほどの意味で、そのためこれは「仮象の論理学」とも呼ばれる。

つまり、「先験的弁証論」とは、人間が理性の本性によってどうしても犯してしまう、世界の完全性や絶対性についての誤った推論、ということを意味している。

さて、人間の理性が逸脱を犯して誤った推論をおこなうもっとも重要な領域を、カントは三つあげる。「私＝魂とは何か」「世界とはどのような存在か」、そして最後に「世界の最高存在」(究極原因)である。

理性は、この「魂」「世界」「神」という三つの「理念」について、完全で絶対的な答えを出そうとするのだが、これが伝統的な「形而上学」をつき動かしていたものである。しかしカントによると、これらのことがらについて、理性は、決して完全な認識をもてない。そのことを検証するのが、先験的弁証論におけるカントのねらいである。

まず第一に、「私とは何か」という問いについて。

理性は、「関係」「性質」「分量」「様態」というカテゴリーの区分にしたがって、つぎのような四つの推論をおこなう（議論の都合上、順番が入れ替わっている）。

①「私」はつねに「主体性」としてある。（関係）
②「私」はつねに「単一性」としてある。（性質）
③「私」はつねに「同一性」としてある。（分量）
④「私」はつねに「自立性」としてある。（様態）

ここからわれわれは、魂の単純性、実体性、魂の不滅についての推論を導く。つまりそれは、「およそ思惟する存在者は、他の事物から自立した単純な実体であり、したがって消滅することはない」という推論として現われる。スピノザの説がほぼこれに近いが、これは当時の理神論の一般像だったといえる。

だがカントによれば、この推論は、思惟する存在が「実体的」であるということと、客観存在としての「実体性」とを混同することからくる「誤謬推理」である。いうまでもないが、ここで可想の標的となっているのは、デカルトの「われ考える、ゆえにわれあり」という推論である。

デカルトは、思惟と延長（物質性）が、二つの「実体」（確かに存在するもの）だ、と主張した。しかしカントはこれに反対する。

思惟の実体性と事物の実体性は、その性質が本質的に違うということだ。だが、ここでのカントの中心のねらいは、「魂の不死」といった考え方が決して検証できないことをいう点にある。これは神の実在と並んで、当時の人びとの大きな通念だったからだ。

総じて、カントの「先験的弁証論」の大きな目的は、近代科学の新しい知見を後盾として、当時のヨーロッパ人の神学的世界像を打ち倒す点にあったと考えればよい。

さて、つぎが「世界とは何か」という問いだが、この問いの「不可能性」が「アンチノミー」（二律背反）の議論によって検証される。

「世界はいったいどのように存在しているのか」。理性は、この問いについても、やはり思惟の基本の枠組みであるカテゴリーにしたがって考えるから、それはつぎの四つの問いに分割されることになる。

①（分量）世界の時間的、空間的な限界はあるのか、ないのか。
②（性質）物体の根本単位（最小単位）はあるのか、ないのか。
③（関係）自然原因のほかに、純粋な「自由」という「原因」はあるのか、ないのか。
④（様態）絶対的必然的な存在（至上存在）はあるのか、ないのか。

アンチノミーの議論の順序は以下である。まずカントは、このそれぞれのテーゼについて、「ある」という肯定の議論（正命題）と、「ない」という否定の議論（反命題）の両方を、自ら〝証明〟してみせる。

そして、正命題と反命題とが、等価な仕方で証明できることを示すことで、これらのどちらの答えも決定的な答えとなりえないこと、すなわち、この両方の「証明」が弁証的な証明、つまり誤謬推論だったことを明らかにする。

このことによって、「世界はほんとうはどのように存在しているのか」という問いは、人間の理性の限界を超えた問いであること、われわれはこの問いに決して答えられない、ということが示されるのである。

「アンチノミー」の議論は、『純粋理性批判』においてもっとも重要なシーンである。ここでのカントの議論が深く理解できるかどうかは、「認識問題」という近代哲学における決定的な主題の核心を理解できるかどうかの試金石だといえる。

そこで、本文でもとくに詳しい解説をおいたが、ここでも、アンチノミーの議論を追ううえでぜひ注意しておきたい点を、いくつか記しておきたい。

まず第一に大事なのは、「アンチノミー」では、正命題と反命題がそれぞれ証明されるわけだが、その主な議論はいわゆる帰謬論理（背理法）のかたちをとっているという点だ。

それをわたしはあえて「キベン論」と呼んだ。つまり双方の議論ともに一種キベン的性格をもち、そのため、いったい何が証明（あるいは確証）されたのかについて、読者には十分納得できないような構造になっているのである。

『純粋理性批判』は近代哲学の主要著作のなかでも、ヘーゲルの『精神現象学』と並んで難解を極める書といわれているが、その最大の原因は、このアンチノミーの議論の〝詭弁論的〟性格にある。多くの読者は、この議論によって世界の限界があるのかないのかは答えが出ない、とカントが主張していることは理解できても、なぜそうなのかという根拠と、またこの議論のもつ重大な意義については、ついにつかめないまま取り残されることになる。

じっさいのところ、カントに続く、フィヒテ、シェリング、ヘーゲルというドイツ観念論哲学者たちも、ほとんどがカントの議論に納得せず、「世界」や「神」についての絶対的な認識について完全に断念することはなかった。さらにこの事態は、現在のカント理解にまで続いているのだが、それについては後述する。

ともあれ、ここで帰謬論（背理法）について解説しておこう。

哲学的な帰謬論とは、対立する議論の矛盾を暴露することで自説の正しさを証明する論理法のことだ。たとえば、エレアのゼノンの、「アキレスは亀を追い抜くことができない」というパラドックスはよく知られたその代表だが、哲学では古今東西あまねく存在してきた。

仏教哲学（とくに中観派）、ギリシャのソフィズム、スコラ哲学などにおいて基本的な論理となっただけでなく、現代思想におけるポスト構造主義、分析哲学などではむしろ完全に主流の論理となっている（これに対して、プラトン、アリストテレス、ヘーゲルは、帰謬論に対するきわめて自覚的な批判者だった）。

帰謬論のもっとも典型的な形式は、まずある事態がAかBかのどちらかであることを事前に前提し、つぎにAの主張に矛盾が生じることを指摘することによって、Bの意見を正しいものとして帰結する、というかたちをとる。

プラトンの『エウテュデモス』（全集8）に、エウテュデモスとディオニュソドロスという二人のソフィスト（兄弟）が登場し、主人公のソクラテスに対して、どんなことでも都合のいいようにいいくるめてしまう言論の技術を披露する場面がある。

まず、「学ぶ者は、知者かそれとも無知者か」という問いが示される。誰かが、「学ぶ者は知者である」と答えると、これに対してつぎのような反駁がなされる。「否、学ぶ者は、その学ぶものを未だ知っていないから学ぶ。したがって学ぶ者は無知者である、といわねばならない」。

つぎに、「学ぶ者は無知者である」と誰かが答えると、今度はつぎのように反論される。「教師によって読み書きが教えられるとき、それをよく学ぶのは無知者ではなく、知者だというほかない、したがって学ぶ者は知者である」。

これはもっとも単純な例だが、相手の議論に矛盾を見出すことで反対である自分の意見を正しいとする帰謬論の典型である。こうみると、きわめて複雑で回りくどい議論のかたちをとってはいるが、アンチノミーの議論が基本的にこれと同じ構造をなしていることに気づくはずだ。

アンチノミーの議論においても、まず、たとえば世界は有限か無限かのどちらかであるとするという前提が示される。このうえで、正命題の証明では、世界の時間が有限であるとすると「無から有が生み出される」ことになり、これは自然法則に反するので世界の時間は無限なのだ、といわれる。

つぎに反命題の証明では、時間が無限であるとしたら世界は終焉しているはずだが(因果の無限の継起も無限の時間のなかには入ってしまうので)、事実はそうではないから世界の時間は有限であるはずだ、と主張される。そして以下、四つの命題について、まったく同じ構造の論理が繰り返されている。

このために、読者としては、双方の「証明」の議論にともに深く納得するというのではなくて、双方の証明とも理屈的には可能だというカントの意は理解できる。しかしそれを超えて、この両方の証明が等価であることの哲学的意味を受け取ることが容易ではない。

そこで、第二の注意点だが、じつはアンチノミーの議論のもっとも重要な箇所は、この議論に続く、第三節から第九節までのアンチノミーの「総括」の部分である。アンチノミーの難解な議論が終わってこの箇所を注意深く読まないと、読者はカント批判哲学のいちばん中心の主旨を見逃すことになるだろう。

ここでのカントの主張をもういちど整理してみよう。

アンチノミーの議論は、世界が有限か無限か、自由はあるのかないのか、といった「世界についての根本的な説明」は、必ず大きく二極に分かれて対立するが決して正答を与えない、ということを示した。しかしその理由は、単に双方の議論が等権利でけんか別れになるから、というものではない。

カントは、理性がこの問題に満足な問いを立てることのできないその根本の理由を、理性の推論にとっては「世界」は「過大」であるか、「過小」になるかのどちらかしかない、という仕方で説明する。

理性は、ある与件から出発して全体性や完結性にいたるまでその推論をやめないという本性をもつ。そして世界の全体性や完結性にいたろうとする理性の推論は、たとえば「世界が時間的な出発点をもち、有限である」という説では、その前はどうなっているかという推論がある地点で打ち切られる絶対的理由を見出せないために、世界は「過小」なものとなる。

逆に「世界が時間的に無限である」という説では、推論はどこまでいっても終結しないために、世界は「過大」となる。要するに、どちらの説も、全体性、完結性にいたろうとする理性の本性を満足できないのだ。

また、こうみるとつぎのことも明らかになる。すなわち「世界」の有限性や最終原因があると主張する正命題の系列は、完結しない推論を無理矢理に完結させて、世界の全体はこれこれこうである、と独断的に主張する「独断論」であるということだ。

逆に世界は有限ではないし、究極原因も存在しない、という反命題の側は、正命題が決して証明できないことをいいつのる「懐疑論」的性格をもつのだが、このことからこの反命題の意見も、じつはやはり一種の「独断的」であることが明らかになる。

アンチノミーの両方の議論は、表向き「独断論」対「懐疑論」のあらそいのように見えるが、双方とも自分の意見を強く主張する点で、じつは「独断的」な考えに陥っているのである。

もう一つ重要なことがある。それはこのアンチノミーの両極の意見対立が、それぞれの「関心」(動機)の対立という深い根をもつ、ということだ。

正命題の系列(=世界は有限。最小単位はある。自由はある。必然的存在はある)と、反対命題の系列(世界は無限。最小単位はなし。絶対的自由はない。必然的存在もなし)を眺めてみると、それぞれの「関心」が浮かび上がってくる。

前者は、「世界は有限で、最小単位もあるし、自由も存在する、また神も存在するにちがいない」と考える人びとによって支持される世界観である。彼らは多く、率直な性格と善き心根をもつ人びとであり、世界についての調和と完結性を求めている。したがって、世界と世の中に親和性をもち、人間の精神の自由、善と道徳の意義を信頼している。また、この世界像はいわゆる「常識的」な世界像であり、良識ある多くの人びとは世界をそのようなものとして理解する。

これに対して、「世界は無限、自由も最小単位も必然的な存在もない」と考えようとする人びとは、総じて世界についての完結された調和や秩序の像に対して違和感をもっている。

彼らは、人間世界についての一般的に形成された慣習や道徳の観念に信をおかず、おのれの思弁の能力を頼んで独自の世界観を作り上げようとする傾向がある。そこで彼らは、正命題の系列の世界観を常識的で慣習的な形成物とみなして退け、経験的な懐疑論こそが正しい理性使用による唯一の結論であると考える。

こういう理由で、両者の主張は、それぞれの「関心」によって支えられ、そのため長く譲りあうことなく対立を繰り返してきたわけだ。いまやわれわれは、プラトンとエピクロスの対立をはじめとして、古くから哲学において続いてきた世界説明についての根本的対立がなぜ解けなかったか、ということの本質的な理由を理解することができる。そうカントはいうのだ。

われわれは「世界」という存在を一つの事実的実体と考える。そのため、世界は有限であるかあるいは無限であるかの、どちらかであるはずだと考え、そしてその「正しい答え」に到達できるはずだと夢想する。

しかし実際には、この問いのなかでわれわれがおこなっているのは、ただ理性の推論の二通りの類型を頭のなかでたどっているだけである。だが、われわれはそのことに気づかず、理性を使用して「事実」について検証しているのだと錯覚しているのだ。

すなわち、これまでわれわれは、一方で世界を「経験世界」の対象としてもつが、それは物自体としての「世界それ自体」とはまったく別物だ、ということを理解しなかったのだ。

こうしてカントの結論は以下のようになる。

世界は「一」であり「無限」であり「神」であるというスピノザ的独断論に対して、ヒュームは、われわれは世界の全体について完全な認識をもつことは決してない、という懐疑論をおいた。これは伝統的な形而上学に痛撃を与えるという意味で、大きな意義をもっていたし、また理論的にもたいへん正しかった。

しかし、にもかかわらずヒュームの議論は、いま自分が示したような双方の意見の対立の必然性とその動機（＝関心）の深い理解にまでは達していなかった。ヒュームの懐疑論は、哲学的にはスピノザ的独断論に対して優位に立つが、世界認識の根本問題の「本質」を解き明かしているとはいえない。

これに対して、自分の「先験的批判」の立場は、アンチノミーにおける「世界は事実として何であるか」という問いが含んでいる「背理」の理由を本質的に解明している。そのことでここから生み出される不毛な根本的対立を永遠に終わらせるはずである、と。

カントにおけるアンチノミーの議論の要諦を、ひとことで、「形而上学の不可能性」の原理、と呼ぶことができるだろう。この「形而上学の不可能性」の原理は、わたしの考えでは、それが一般にコペルニクス的転回として受け取られている以上に、重要な意義をもっている。その理由は以下である。

第一。近代哲学は、キリスト教の世界観を打ち倒すところから出発した。しかしそれは近代科学の知見を大きな武器としたから、世界についての「絶対的な真理」という信念は長く保持していた。近代哲学は、ニーチェまできてようやく「客観世界」や「真理」という概念を完全に終わらせる「原理」を見出したのだが、カントの「物自体」はそのはじめの決定的に重要な出発点だったのである。

しかもそれだけではない。「形而上学の不可能性」という原理は、この世には、はっきりと答えの出る問い、つまりどんな人間にも共通了解となりうるような問いと、決してそうでないような問いが存在することを、われわれによく教える。

われわれはしばしばどんな問いにもほんとうは「正しい答え」が存在すると、暗黙のうちに思いこんでいる。じつは、それが「形而上学」ということの意味なのだ。

「形而上学の不可能性」の原理とは、単に神学や神の存在の観念が虚妄である、ということではない。またどんな問題も究極的には、確実な答えを見出せないといった懐疑論や相対主義とはまったく違ったものだ。

それはつまり、人間の認識の可能性と不可能性について、われわれは必ずそれを一定の明確な基準によって区別できる、という「原理」である。言い換えれば、認識の可能性の条件と不可能性の条件をわれわれは取り出すことができる、という原理なのである。

ある問題が、人びとにとって明確な答えを見出せるような問いか、そうではないかを区別できること。またどのような問いなら人びとにとっての共通了解を取り出せ、またどのようなものが、考えの多様性が存在していてよい問いなのかを、はっきりと、原理として了解できること。これは認識の問題にとって何より重要なことであり、この原理が腑に落ちれば、どんなことがらについてであれきわめて人を聡明にするだろう。

その意味で、ここはカントの原著を参照してその議論を何度でも確かめてほしい箇所である。

第二。カントの時代、新しい信仰のうちに世の中の矛盾を正す希望をもっていた多くの若者がいたはずだ。しかし、この「形而上学の不可能性」の原理、とくに「神の存在の不可能性の証明」は、これら宗教的な「真理」を探究していた人びとに大きな絶望を与えたにちがいない。しかしそのことはむしろ、時代のなかで大きな意味をもっていたと思える。

一般に、人がそれまで自分のもっていた強固な考え方や態度を捨てさるには、二つの道がある。

一つは、新しい考えがより新しい豊かな生活の可能性をもたらすという予見がめばえる場合。つまり、より大きなエロス的可能性が疑えないかたちで見える場合。もう一つは、これまでの自分の考えや態度では、将来自分にとってどんなよい生活の可能性ももたらさないことが、どんな疑いもなく明瞭に理解できる場合。すなわち、これまでの考えの誤りと不可能性が、「原理」として了解できる場合である。

カントの提示した「原理」は、おそらく多くの若者の情熱を、真の信仰あるいは信仰の真理という観念から、「社会」というものをいかに理解しこれをどう変えうるか、という問いへ向け変えたとわたしは思う。つまり、「原理」を示すことでこれまでの道に絶望を与え、そのことによって真に新しい考え方の可能性を拓く役割を果したと思う。ちょうど錬金術（アルケミー）や永久運動の探究が、その不可能性の原理を示されることで終焉し、科学や物理学の新しい分野を拓いたように。このようなことがまさしく哲学的な「原理」の思考の本義なのである。

第三。もう一つ重要なことは、しかしカントの「形而上学の不可能性」の原理の意義が、現在、十分に理解されているわけではないという点だ。そのために、哲学、あるいは思想における「独断論」と「懐疑論」の対立は、いまもなお続いているのである。

たとえば、マルクス主義とポストモダン思想、あるいは現代の分析哲学と実証主義科学との認識論上の対立は、ちょうどスピノザ対ヒュームの対立の再演であるといってよい。

われわれはこの問題を、現代の宗教やイデオロギー、そして諸学問における「信念対立」の問題としてとらえ直すことができる。

あらゆる「信念対立」が克服されねばならないわけではないことは、いうまでもない。しかし、さまざまなレベルでの「信念対立」が本質的になぜ生じるのか、どのような「信念対立」は解決できる根拠をもっているのかを、「原理」として知ることは、これとはまた別の問題なのである。

この点で、カントの認識論的な「原理」が、現代においても十分に理解されていないことは、きわめて重要な意味をもっている。カントの「原理」が、ほんとうに疑問の余地のないものかどうか、われわれはこれをもういちど現代的な問題設定のなかで、検証し直してみる必要がある。

すなわち、ここでのカントの議論が、いまさらに根本的な仕方で議論され、もっと動かしがたい原理として提示されるなら、そのことは現代の思想や哲学にとって決定的な重要性をもつことになるはずだ。まさしくカントの「アンチノミー」はヨーロッパ思想全体の〝へその緒〟の位置にある問いであり、この意味で、カント哲学への深い理解なくしては、新しい時代の哲学思想の展開はありえないだろう。

# 第三章　純粋理性の理想

## ☆章頭解説④

理性は推論の能力によって、世界における「絶対的無条件者」、すなわち世界の全体性、完全性の像を思い描こうとする。カントはこれを「純粋理性概念」(理念) と呼ぶが、それは「魂」「世界」(自由) そして「神」(最高存在) の三つである (二番目の「世界」は、因果の系列という観点から理念としては「自由」に置き換えられる)。そして最後の項目である「神」の存在が、ここでいわれる純粋理性の「理想」である。

理性の推論は、このそれぞれについて自分の能力の限界を超えて推論をおこない、そのことで「誤謬推理」(魂)、「アンチノミー」(世界) に陥ったが、ここでもまた誤った推論をおこなう。それが「神の存在証明」である。

カントによると、これまで存在した「神の存在証明」は、大きく以下の三つに区別される。

①「自然神学的証明」　自然の観察からその根本原因として神を推論する。

②「宇宙論的証明」　原因—結果関係から、究極の原因として神を推論する。
③「存在論的証明」　最高存在という概念から、その現実存在の必然性を推論する。

カントは、まず③の「存在論的証明」が誤った証明であることを検証したあと、じつは自然神学的証明も宇宙論的証明も、最終的には③の存在論的証明に依拠していることを示す。そしてこのことで、およそどんな「神の存在証明」も不可能であることを〝証明〟する。

人間の理性は、「魂」「自由」（世界）そして「最高存在」（究極原因としての神）という根本理念についての推論をおこなうが、どれも客観的な認識としては不可能な推論であることが明らかにされる。このことで、伝統的な「形而上学」の不可能性が確定されることになる。

最後の「先験的方法論」では、この根本的な世界理念についての「形而上学の不可能性」から、われわれが何を引き出すべきかということが論じられる。

まず「純粋理性の訓練」では、純粋理性が推論の能力によっておこなう独断的な認識の逸脱に対して、これを防ぐべきことがくりかえし強調される。

しかしとくに重要なのは、「純粋理性の規準」である。ここでカントは人間の「理性」の本性をもういちど問い直し、ここまでみてきた理性の思弁的な認識の試みは、じつは「実践的な動機」をもっていることを指摘する。そして、ここで「思弁的理性」と「実践的理性」の区分が明確に打ち出される。

人間の理性の本性を思弁的理性としてだけではなく、実践的理性としてもとらえること。カントによれば、このことによって哲学は、その根本のテーマを、単に世界の全体性と完全性を認識しようとする世界認識の形而上学から、人間と世界の存在の本来的な意味を問う「道徳形而上学」へとおき移すことになる。

## 《解読》

### 第一節　理想一般について

まず、「理想」という言葉について考えてみよう。ふつうこの言葉は、単に何らかの「理念」というのではなく、ある理念によって表現される何らかのよき状態、たとえば完全無欠な理想的人間性とか、世界の完全な理想状態といったものを意味する。

たとえば、プラトンの「イデア」は一つの「理想」だといえる。それは、いわば神的な悟性だけが知っている、さまざまな個物の「もっとも完全」な理想型、あるいは「原型」

を意味している。

「イデア」ほどの完全なかたちでなくても、われわれは、もっとも道徳的な人間や、もっとも智恵ある人間の理想像といったものを思い描く。たとえばストア派の「賢人」という概念がその一例である。

また、たとえば小説などで、立派な人間性をもつ主人公を描くといった仕方で「理想像」が示されることもある。これは人間の具体的な像を示すという点で利点をもつが、そのリアルさにつきまとう不完全性によって、むしろ理想の完全性を損なうという弱点もある。

ともあれ、われわれがさまざまな仕方で作り上げる「理想」は、「イデア」のように、個々の事物を作り出す力をもっているわけではないが、それでも、人間の態度や行動の「規範」や「範例」として、何らかの指導的な実践的な力をもつのである。

われわれは、プラトンの「イデア」の概念が示すような「理想」の客観的な実在性を必ずしも認めるわけではない。しかしにもかかわらず、われわれが実際にさまざまな「理想」を作り上げていること、それが単に恣意的な想像物ではなく、現実にわれわれの態度や行為に対する規範として役立っていることは、誰も否認しないだろう。

さて、ここでのわれわれの主題は、このような理念の「理想」についてである。

すでにみてきたように、理性はその推論の能力によって、世界における「絶対的無条件者」、世界の全体や完全性の像を思い描く。それを私は、「純粋理性概念」（理念）と呼び、カテゴリーの関係の様式にしたがってつぎの三つに分かれることを示した。そして、その最後の項目、つまり「神」の存在が、ここでいわれる理念の「理想」である。

①主語（主観）における無条件者　（霊魂）
②世界の原因―結果の関係における無条件者　（自由）
③世界の一切の存在の無条件者　（絶対的必然存在＝神）

## 第二節　先験的理想について

論理的には、およそどんなことがらも矛盾律や排中律、つまり「Xは、AであるかBであるかのどちらかだ」といった規則に服する。しかし、ある事物の存在を完全に規定するには、矛盾律や排中律にしたがうだけでは十分ではなく、その事物がもちうる一切の可能な述語の総体が示されるのでなくてはならない。

［⇒「人間とは、死すべきものか、不死であるかのいずれかである」は人間の一面的規定。論理的には、「人間とはXである」という命題において、可能なXの総体を示

すことができれば、「人間」を完全に規定できたことになる。」

するとと事物の完全な存在規定といったものは、ただ「理念」として想定されるだけで、実際には決して示しえないということが分かる。だがまたわれわれは、事物存在の完全な規定、つまり「一切の存在の可能性の総体」という理念を想定し、これを、世界についての「純粋理性の理想」と呼ぶことができるはずだ。

ただ一ついっておけば、この場合、「これは……ではない」という否定の述語は、その存在の積極的規定ではない。否定は、ある実在する存在についての否定にすぎないから、事物の実在性（存在）の全体というときには、「これは……である」という肯定的な規定の総体として考えなくてはいけない。

ともあれ、このような積極的な存在規定の完全な総体として考えられた「もっとも実在的な存在者」は、一切の「事物」のあらゆる存在性格を可能にしているもの、といえるはずである。

というのは、個々の事物が「これこれの仕方で存在している」ということは、これを包括するより基底的な存在によって〝可能になっている〟のであり、そう考えれば、あらゆる事物の存在とその性格は、結局のところ、究極的な「もっとも実在的な存在者」によって可能になっているといえるからだ。

これを私は、世界の存在についての「先験的理想」と呼ぼう。

ところで、われわれがこの「絶対的存在者」という「理念」を「実体化」するとき、それはしばしば「唯一の、単純な、永遠の、等々の規定をもった存在者」として想定され、それをわれわれは「神」の概念で呼んできた〔⇓スピノザの「神」はこれにあたる〕。

しかし、このように具体化され、実在化された理想的存在者としての「神」の概念は、想像力による一つのフィクションにすぎないのであって、われわれのいう「絶対的存在者」は、あくまで理性がその本性によって生み出した一つの「理念」なのだ。

われわれが経験しうる事物は、感官を通して現われてきたものだけだ。しかし、理性としては、何かがわれわれの感官に現われるには、「それを可能にする」何か実在物の総体が存在していると考えるほかはない。

まさしくそれが「物自体」なのだが、しかしわれわれはこれを経験的な対象を延長する仕方で考えるために、その総体的な集成（総括）として、つまり、実在する「至上存在者」＝神という擬人化した姿においてこれを想定するのである。

「神」なるものは、この意味でそれ自体としては恣意的なフィクションである。しかしまた、「至上存在者」はわれわれの理性の能力から生じた、必然的かつ本質的な「理念」ともいえるのだ。

## 第三節　思弁的理性が最高存在者の現実的存在を推論する証明根拠について

理性の推論はまず、経験的事物から出発し、それらを可能にしているものをたどって、何らかの「必然的存在者」（無条件者）の実在にまで達する。つぎに、この推論は「無条件者」を「実在する存在の完全な全体性」という概念において見出す。

こうして理性は、一切の存在を可能にしている必然的存在者としての「最高存在者＝神」という「理念」（理想）を打ちたてるのである。

さて、この理性の推理は、もちろん絶対的に正しいものとはいえない。経験的な事物の存在から、その絶対的根拠として、「無条件者としての、最高存在が存在する」ということを必然的な推論として導くことはできない。われわれは世界自体を、「偶然的な存在の総体」としての「無条件者」、とみなすことも可能だからだ。

「絶対的無条件者」を、最高存在者としての「神」という「理想」に結びつける必然性は、論理的には存在しないのである。

だが、にもかかわらずわれわれは、この「理想」の推論は、いわば重要な「権威」（意義）をもつといわねばならない。なぜだろうか。

ここで、ある義務について考えてみよう。つまりそれは、もしいまみたような「最高存在者」がまったく想定されないなら、われわれにとってその存在意義が失われるかもしれない「道徳的義務」のことである。

思弁的な理性、つまり理論的理性においては、われわれは、絶対的な最高存在はありえず、世界はまったくの偶然的な存在の総体である、と考えることもできる。だが、われわれが人間として道徳的な義務をもつかぎり、理性最高存在者の実践的な想定は、われわれの存在にとって決定的な影響と意義を与えるのである。

私が最高存在という「理想」において考察すべきことは、この「理念」がわれわれの実践的理性にとってもつ本質的な意味にほかならない。このことはまた、「神」の概念がどんな民族においても普遍的に存在する理由をも、明らかにするだろう。

さて、思弁的な理性による神の存在証明には、つぎの三つの可能な方法があって、これ以外には存在しない。

① 経験的事実からその根本理由として見出される「自然神学的証明」
② ことがらの原因性をたどって「最高原因」の概念にまでゆきつく「宇宙論的証明」
③ ただ概念のみから最高存在者の現実存在を推論する「存在論的証明」

以下に私は、これらの思弁的な神の存在証明は不可能であることを証明したいと思う。ただしその順序は、逆になる。というのは、③の存在論的証明が、理性の推論の本性をもっともよく示しているからだ。

## 第四節　神の存在の存在論的証明の不可能について

「絶対的な最高存在者」は純粋な理性概念（理念）にすぎないから、この理念からその客観的実在を導くことは決してできない。しかしこれまで多くの哲学者は、まさしくこの理念自体から、絶対的存在者（神）の実在を証明しようと努力してきた。

彼らは多く、「最高存在者」が存在しないなどということはまるきり不可能である、と力説してきたわけだが、もちろんその証明に成功した者は一人としていない。

たとえば、ある人びとはつぎのように主張してきた。「最高存在者」とは「もっとも実在的な存在者」という概念を含み、そしてこの概念自体にまたその存在の客観的実在性が含まれている。だから「最高存在者」が実在することはまったく否定できない、と。

ここで主張されているのは、「存在論的証明」という古くからある証明方法である。それは「最高存在としての神は、絶対的に必然的な存在者であり、したがってその実在を決して否定できないものとして存在する」という命題のかたちをとる。しかし、もちろんこの証明は成り立たない。

いま、この命題が分析的命題なのか綜合的命題なのかと問うてみよう。これを分析的命題とすれば、この命題はそれ自体としては矛盾をもたない。しかしこれが綜合的命題だとすれば、ある存在が「絶対的に実在するもの」であるかどうかは経験的に確証されねばならない。そのことではじめてその正しさが認められるのだ。

つまり、「最高存在者は絶対的に実在する」と規定するだけのことなら、それは一つの分析的命題を立てているだけでとくに矛盾はないが、「最高存在者」の実在を客観的に証明するには、この命題が綜合命題として成り立つことを証明しなくてはならない。

たとえば、われわれは「百ターレルが存在する」という分析的命題を立てることができる。「百ターレルが存在する」という命題は、概念としては矛盾がなく可能である。しかしそのことは、「百ターレル」が実際にここに存在することをまったく意味しない。「百ターレルが存在する」が現実であるには、この命題を綜合命題として実際に確証しなければならないのだ。

総じて「分析的命題」だけからあるものの存在を証明することはできない。ここでの「最高存在者は実在する」という命題もまた単なる分析的命題にすぎず、そこから最高存在の実在を導くことはとうていできない。みてきたように、「絶対的な最高存在者」という理念は、まさしく経験的確証を超えたところで成立する理念であって、したがってその実在を経験的に確証することはできないのである。

## 第五節　神の存在の宇宙論的証明の不可能について

最高存在者の実在についてのもう一つの可能性は、「宇宙論的証明」と呼ばれるが、これはつぎのようなかたちをとる。

何かある「存在」があると、必ずその「原因」(根拠)となるものが存在する。その「原因」はまたその「原因」をもつ。すると世界には最後の「究極原因」が存在するのでなくてはならない。

この証明は、「経験的な認識」を含んでいるので存在論的証明のように単なる「分析的命題」とはいえない。この宇宙論的証明はさらにこう推論する。この「もっとも実在的な存在者」は、また「唯一の必然的存在者」でもある、と。

しかし、この宇宙論的証明の内実を分析してみると、ここでは経験という根拠から出発することで存在論的証明とは違うふりを装っているが、結局のところ、最高存在を「唯一の絶対的な必然者」と結びつける点で、分析的命題である存在論的証明と変わらないことが分かる。

原因（条件）の系列が、最後の（唯一の）絶対的原因（無条件者）にいたるかどうかは、何度も確認したように、思弁的理性では決定できない。ここでも存在論的証明と同じように、「絶対的無条件者は唯一の最高存在である」という命題が立てられ、その客観性が確証されることとなく必然的な真理として主張されているのである。

このように宇宙論的証明というものは、思い上がった弁証的主張（キベン）の巣窟だというほかはない。ここに含まれる誤謬推理を以下のように整理できる。
① 偶然的なものからその原因を絶対的なものとしてたどりうる、とする誤謬。
② 原因の無限の系列をたどりつくせないために、第一原因というものを想定する誤謬。
③「第一原因」を想定することで推論の完結性を見出そうとする誤謬。
④「世界の実在の全体」という概念にすぎないものを「世界の客観存在」と混同する誤謬。
ところで私はこんなことを想像してみる。もし神なる存在者がいるとすれば、彼は自分自身についてこう思索するかもしれない。

「私ははじめも終わりもなく永遠に存在しつづける。私と私の意志によって存在するもの以外には、何ひとつこの世界には存在しない。ところでしかし、そういうこの私はいったい何処から来たのか」、と。

さて、この問いに答えようとするどんな思弁の努力も成功することのありえないことは、いまや誰にも明らかだろう。

しかし、にもかかわらず私が読者に示したいのは、『**純粋理性の理想は、不可解なものとはいえない**』ということである。しかしわれわれはまだその場面にはきていない。

**必然的存在者の現実的存在に関するすべての先験的証明における弁証的仮象**

ここまで、最高存在について、存在論的証明と宇宙論的証明という二つの証明がいずれも不可能であることを確認してきた。しかし、理性がこのような仮象の推理をおこなう理由をどう考えればよいだろうか。

われわれは経験の世界だけをもっている。しかし理性の能力は、この経験として存在する事物の原因をどこまでも考え、それは世界の全体とそれを根拠づけている存在の想定へと向かう。だが、われわれの認識能力は、あくまで経験的な綜合の範囲内を超えることができず、この根本原理や究極原因の想定は単に「理念」としてしか可能ではない。

つまり、「最高存在」（神）という理念は一つの「統整的原理」なのである。すなわち経験によって世界の総体をとらえることができないため、それをあたかも〝統一的かつ一貫した総体として〟想い描こうとする理性の原理によって創り出された、一理念なのだ。

もちろん繰り返しみたように、われわれは世界の総体を、完全な偶然性として考えることもできる。しかし実際には、われわれの理性はほとんどの場合、世界の全体を「最高存在」という理念として思い描いてきた。そしてこのことには、一つの必然性、つまりわれわれの理性の実践的関心からくる必然性があるのである。

## 第六節　自然神学的証明の不可能について

最後に残る最高存在の存在証明は、「自然の多様、秩序、合目的性、美」といった経験を根拠とする、「自然神学的証明」である。

自然神学的証明は、つぎのような場所から出発する。われわれがこの世界の自然の認識を経験的につめばつむほど、それは、きわめて多様だが美しい合目的性と整合的を保った、計りしれない姿をますます明らかにしてくる。われわれは一切の知力をつくしても、この世界の無限の多様を認識しつくすことができず、ただその秩序の偉大さと美しさの驚異の前に立ちつくすほかはない。

われわれが目撃するのは、無限に連なる原因と結果、目的と手段の連鎖、生起と消滅の反復である。そしてわれわれの理性は、これらの驚くべき世界の秩序の連関をたずねて、ついにその無数の連関の根本的原因である「唯一の必然的な存在」、つまり世界の究極の「最高原因」といったものを思い描かざるをえないのだ。

われわれは、このような自然神学的証明に尊敬の念を払ってよい。ここでの「最高存在」の考えは、自然研究からつねに新たな力をえていると同時に、またわれわれの自然研究を根本的に鼓舞するものでもある。さまざまな自然の秩序の整合性がより広範にまたより深く見出されるほど、その学的知識は、「最高の世界創造者」に対する信仰をいっそう強化するように働くのだ。

だが、にもかかわらず、この証明が正しい認識としての資格をもつことはありえない。

自然神学的証明の要点をつぎのように整理することができる。

①科学的認識の発展は、大いなる叡智の意図によって世界が創られているとしか思えないような数知れぬ「徴《しる》し」、つまり「合目的的秩序」の存在をつねに見出している。

②しかしこの多くの「徴し」は、それ自体では、その合目的的秩序の根拠を示さないので、ふつうは偶然的なものとして現われている。そこで理性は、この合目的的秩序が何らかの理性的原理によって配慮されたもの、と考えるのである。

③　こうしてわれわれは、世界の偉大な合目的的秩序の統一を支える「究極原因」が実在すると考える。そしてまたこの究極原因は、「自由な叡智者」たる「最高存在」であるにちがいないと考える。

しかし、このような自然神学の推論は、最高存在者の証明として決定的な弱点をもっている。まずそれは、この推論から現われるのは、世界の「設計者」（建築士）としての最高存在者であって「世界創造者」ではないということだ。

自然神学的証明は、世界の秩序の多様性のうちにひそむ「合目的性」から、その設計者としての「神」を推論するが、世界の存在の一切の「究極原因」としての「神」の概念を示すことはできず、ただ、最高存在の偉大さを称揚することしかできない。

そこで自然神学は、絶対的創造者としての神の概念を導くために、この時点で「宇宙論的証明」に乗り換える。だが、すでにみたようにこれは「存在論的証明」の変奏形である。自然神学的証明をおこなう者はこのことを認めようとはしない。しかし世界の存在の絶対的「究極根拠」を求めるかぎり、自然神学的証明も最終的には存在論的証明に頼るほかはないのである。

こうして、最高存在の実在についての証明は、右にみたように三つだけである。そして、宇宙論的証明も自然神学的証明も、最終的には、この存在を存在論的証明に依拠することになる。だが、存在論的証明自体が不可能なのだから、結局のところ、どの「神」の存在証明もまったく不可能であることが、ここに明らかになったのである。

## 第七節　理性の思弁的原理に基づくあらゆる神学の批判

理性の思弁的原理による神学の試みをまとめると以下になる。

理性的神学（理神論）→先験的神学→宇宙論的神学
（絶対的必然的根拠へ向かう）　　　→存在論的神学

啓示的神学（有神論）→自然的神学
（最高の叡智者＝世界創造者へ向かう）　→道徳神学

理性的神学は、理性によって根源的存在者、最高存在者を証明しようとする。自然的神学は、自然認識の経験からその証拠をえようとする。その詳細はみてきたとおりだ。これに対して、道徳神学は、道徳法則を根拠として「最高存在者」の存在を探究する。われわれは、つぎにこの道を進まなくてはならない。

私はこういおう。すなわち、**『理論的認識とは、存在するもの（was da ist）の認識を意味するが、実践的認識とは存在すべきもの（was dasein soll）の認識である』**（661）。つまり、理論的理性は、自然存在の認識（自然法則→事物がいかに存在しているか）を扱うが、実践的理性は、人間における道徳性の認識（道徳法則→人間はいかにあるべきか）を扱う。

自然法則の認識においては、さまざまな事物の根拠となる絶対的な条件が必然的に「仮定」（想定）されるのだが、これに対して、道徳法則の認識においては、この絶対的条件は「要請」される（postuliert）のである。このことを私は、いずれ別の著作でもっと明らかに示すつもりである〔⇒この「道徳法則」についての「認識」と「要請」を、カントはつぎの『実践理性批判』で論じる〕。

自然の認識においては、われわれは事物とその原因の関係を認識しようとするが、それは基本的に経験的認識を拡張していくという方法をとる。だが、自然世界の「絶対的原因」を認識しようとするなら、思弁的理性を用いて「理念」を創り出すほかはないのだ。

しかし、理性によって世界の絶対的原因を究明しようとする「先験的神学」の試みは、結局のところすべて失敗に帰す。そこでこの問題においてわれわれに残されているのは、道徳法則を根拠としまた手引きとする、「道徳神学」しかないのである。

これまで長くなじんできた神学的証明の方法を捨てるくらいなら、ここまでみてきたような神の存在証明の不可能性の議論をまったく無視するほうがましだ、と考える人びとも多くいるだろう。しかしそれは理性というものをまったく投げ捨てることを意味する。しかも、私は、ここでの不可能性の議論によって「最高存在者」についての究明の道を一切閉ざしてしまったわけではない。

ここで注意すべき重要なことが二つある。

第一に、理性の本性を厳密に吟味することによって、われわれは、理性の思弁的使用によっては「最高存在者」の実在を証明することはできず、その代りこれを理念の「理想」としてもつということをはじめて明らかにした、ということ。

第二に、しかしながら先験的神学の不可能性（神の実在は実証不可能）の証明は、まさしくその反対の主張に対しても、そのまま適用されるということだ。

つまり、理性の思弁的使用によって最高存在者の実在を証明することはできないが、まったく同じ理由で、その逆のこと、最高存在者の非実在を証明することもできないのである。

私は先ほど、先験的神学がこれから進むべき道として「道徳神学」を示唆したが、この道こそ、従来の先験的神学の挫折を救いうる可能性をもっている。そして、そのうえで、いま述べた二つのことは決定的に重要な意味をもつのである。

# Ⅱ　先験的方法論

# 第一章　純粋理性の訓練

理性を経験的に使用するかぎり、理性はまず間違うことはない。そこで理性の使用は、つねに経験的事実によって検証されるからだ。また純粋な直観を用いる数学の領域においても、理性は役割を正しくはたす。

だが、みてきたように、理性が経験的領域を離れて推論によって概念を扱い、それを先験的に使用するとき、大きな逸脱が生じる。そこで、たえず正しい規則から逸脱しようとする理性の傾向を抑制するための心得を、私は「訓練」と呼び、ここから考察をはじめたい。

この訓練が正しくおこなわれるなら、さまざまな論理的な誤謬や詭弁などがいかにそれらしく自らの正当性を主張しようとも、われわれはたやすくその誤りを見抜くことができるようになるだろう。

## 第一節　独断的使用における純粋理性の訓練

数学が生み出した輝かしい成功は、理性能力への大きな信頼をもたらした。だがこのことは、数学的方法の哲学への適用ということに過度の信頼を生じさせることにもなった〔⇒デカルトやスピノザなど〕。

そこで、数学と哲学の本質的なちがいをよく吟味してみよう。

哲学的認識は「概念の論証」による認識であり、これに対して数学は「概念の構成」による認識である。

たとえば、数学的な概念は純粋直観なので、三角形を考えるとき、私は三角形の概念を直観として思い浮かべたり、またこの直観にしたがって実際に三角形を紙のうえに描いてみたりする。

いずれにせよ、ここで私は、三角形を経験からではなく概念から「アプリオリに」作り出す。実際に描かれたものは個別的な三角形だが、それは私が概念から「構成」した普遍的な「三角形一般」の一例にすぎない。

このように、数学は、普遍的なものを特殊的なものを使って考察する。

これに対して、哲学はむしろ、特殊なものから出発してそれを普遍化してゆくという思考方法をとる。数学と哲学では、このように思考の「形式」が大きく違う。繰り返すと、哲学者は概念を「論証的に」使用するが、数学者は概念を「構成的に」使用するのである。

つぎに、この二つの概念使用の本質的な差異をさらに理解するために、数学における、定義、公理、証明という三つの概念を再定義してみよう。

（1）「定義」……定義とは、あるものの概念を明白かつ十分な仕方で、つまり誰にも同一の理解として明示することだ。しかし経験的概念はつねに本質的な多義性をもつ。だから、われわれは経験的概念に厳密な「定義」を与えることはできず、ただこれを「解釈」できるだけである。

たとえば、「黄金」という概念は、色、堅さ、重さ、比重などについては数値として厳密に示せる。その他のさまざまな性質については、「黄金とはXである」という命題における述語Xの総体として示せるが、しかしこれを完全に記述することはできない。

いわんや、「実体」「原因」「正しさ」「公正」といった抽象的な概念はもっと多くの多義性を含み、これを厳密に規定することは不可能である。

こうして、厳密に「定義」される概念とは、アプリオリに「構成」されるような数学的概念だけである。だが、「哲学的な定義」においては、事情は少し違ってくる。

哲学では、数学のように厳密な仕方で最初に「定義」をおくことはできない（仮定的な試みとしてなら許されるが）。哲学の本領は、むしろあるものの定義の確実さを吟味するところにあるので、「定義」は出発点ではなくむしろその結論である。

しかしこの途上で、哲学はたえず誤りに陥る可能性をもっている。その定義は厳密でなく、また理性はその本性によって、つねに本来の受けもち範囲を逸脱しようとする傾向をもつからだ。

これに対して、数学では逆に、はじめに「定義」をおくことによって概念を構成し展開してゆく。そして「定義」が厳密に与えられていれば、この展開は、多少の例外はあっても誤ることなく進んでゆく。数学では、誰もが概念とその展開をまったく同一の意味で理解できるような道だけをとって進むのである。

（2）「公理」……数学においては、定義から出発して、アプリオリな直観を綜合的に構成しつつ展開することで、新しい「公理」を生み出す。たとえば、「三つの点は、つねに一つの平面の上にある」といった命題は、新しく見出された確実な公理である。

だが哲学では、単純な概念を組み合わせることで新しい「公理」を確実なものとして生み出すことはできない。たとえば、生起や原因という概念から、「生起するものはすべて原因をもつ」という命題を、絶対的な「公理」として作り出すことはできないのだ。

この命題は、われわれ自身の時間的経験という要素に媒介されて、はじめて妥当なものとして成立する。つまり哲学では、数学のようにアプリオリな直観をアプリオリに綜合することだけで、新しい確実性や妥当性を構成することができない。

（3）「直観的証明」……同じことだが、数学におけるアプリオリな直観による必然的証明は、厳密な確実性をもち直観的証明といわれる。しかし経験的なものを含む哲学ではこのような直観的な証明は成立しえない。

こうして、数学では一つ一つの直観がアプリオリであるから、それらはちょうどレンガを積むように「構成」されて新しい概念を生み出し、誰にとっても確実な同一性を作り出すのだ。

これに対して、哲学の論証は、あくまで経験的なものを悟性のカテゴリーにしたがって綜合してゆくことによって一定の客観性を確保するのであって、原理的に、数学のような厳密な確実性をもたない。このような哲学的論証による「命題」は「定理」とはなりえないから、むしろ「原則」と呼ぶのが適切である。

こういうわけで、哲学が数学と自分との方法の本質的違いを理解しなければ、錯誤に陥ることになる。哲学が向かうべき道は、理性のなかで概念を展開することによって厳密な世界認識を打ち立てることではない。むしろ理性が客観的認識をもちうる限界をはっきりと解明すること、またこの限界について深い理解をもつことによって、哲学におけるより本質的なテーマを探究することにこそその本義があるのだ。

［☆⇓哲学が純粋な理性の能力によって世界を正しく認識できる、という考えは、暗

にデカルトやスピノザの合理論哲学を指している。彼らは数学的思考を基礎として、理性の合理的使用によって世界の完全に客観的な認識が可能であると考えた。」

## 第二節　論争的使用に関する純粋理性の訓練

私のいう「純粋理性の論争的使用」とは、純粋理性の主張を独断的に否定しようとする議論に対して、これを防御しようとする立場を指す。つまり、世界の全体存在、魂、自由、神の存在といった純粋理性の主張に対する、徹底的な懐疑論の批判への、そのまた反駁の立場にほかならない。

ここで何より重要なのは、純粋理性の主張があやしいものであるからといって、懐疑論が主張するその逆の主張が正しいとみなすことはできない、ということである。

たしかに優れた思想家のなかに、神の存在や魂の不滅を主張する人は多く存在する。だからといってこの先験的理念の主張を確実な真理として認めえないことは、ここまでみてきたとおりだ。しかし、そのことはまた、ただちに、「神は存在しない」あるいは「魂は消滅する」という反対の考えの正しさを意味するわけでもない。

なぜなら、先験的理念への反対論は、ここで、じつは肯定論が自説を証明しようとして陥ったのとまったく同じ困難にぶつかることになるからである。

したがってわれわれは、つぎのような裁定を承認せざるをえなくなる。つまりそれは、どちらの主張も決定的な正しさをもてない以上、『**事実は疑わしいから、評決を延期する**』(770)、という裁定にほかならない。

絶対的存在者や魂の不死、自由の存在いかんという問題は、古くから人間にとってつねに最高の関心事であり、また最も重要な謎とされてきた。だが誰もこの問題に決定的な答えを見出すことができなかった。この問いにかんして、きわめて強力な懐疑論的反論がつねにそれを阻んできたからである。

しかしいまわれわれは、この問いに一つの最終的な答えをおくことができる。つまりそれは、たしかにこれらの問いに決着をつけ、肯定的な答えを与えることはできないが、まったく同様に、魂の不滅や神の存在について決定的な否定を証明することもまた、決してできない、という答えである。

この答えの意味するところは何だろうか。私はこういいたい。人間にとって最も重大なこのテーマは、根本のところ事実認識の問題なのではなく、いわば「語調」の問題、つまりそれへの「信」をもちうるのかどうかという問題である。このことがいまや明らかになったのだ。

道徳や神の問題は、人間にとってこのうえなく重要な関心事である。しかし反対論からこれを擁護しようとするあまり、理性の本性をねじ曲げて道徳の根拠をやみくもに強弁することは、結局のところ、この神聖な課題に対する人びとの信頼を損なうことになる。

われわれは、この問題に対して、理性の本質を深く知るという仕方で誠実に向き合うべきである。そして哲学的洞察によってこの課題を本質的な仕方で解決したとき、真の意味でこれらの理念に対する深い信頼を取り戻すことができる。

そして、われわれがいま確認したことこそ、純粋理性の批判の法廷を通してつかみとられた世界の存在についての謎の真の解明なのである。

この考えによってはじめてわれわれは、これまで先験的理念の反対派と擁護派がともに陥っていた「独断論」の「争い」から抜け出て、問題の底にひそんでいた真の主題を明るみに出すことができる。

### 自己矛盾に陥った純粋理性を懐疑論によって満足させることの不可能について

われわれの認識上の無知は、大きく、個別の対象についての無知か、あるいは理性の制限や限界についての無知に分かれる。そして、認識の限界や不可能性がつかまれていないとき、一方で、世界の全体を完全に認識できるはずとする独断論が生じ、もう一方で、これに対する批判が認識への懐疑論として現われることになる。

この「批判」は、認識の逸脱について警告する役割をはたすものではあるが、懐疑論的立場にあるかぎり、一つの根本的な欠陥をもっている。

この批判のありようを、つぎのような例で考えてみよう。

われわれの知覚というものは本性的な限界をもっている。だから、地球を大きな皿のような平面だと考えているうちは、われわれは世界のさまざまな対象を自分の視線の届くかぎりでしか把握できない。

経験的には、地球のうえをどこまで進んでも一定の地平を認識できるだけで、決してその全体を知覚しつくせないように見える。こういうとき、認識の不可能性は「不定」なものとして現われる。

しかし、もしわれわれが地球が球形であることを知るなら、この球面の一部から角度を測り、そこから地球の直径を知るというふうに、自分の知覚の地平に現われた経験知から、地球の表面の広さを正確に知ることができる。

このときわれわれは、地球の表面にある一切のものを認識しつくすことはもちろんできない。しかし地球の表面の広さの「限界」については、明確な理解をもつことができるわけだ。

こうなれば、われわれの認識の不可能性はもはや「不定」のものではなく、明確な限定をもったものとなる。すなわち、認識の限界について本質的な知をもつことができるのである。

デヴィド・ヒュームは、理性の限界についての優れた〝地理学者〟だった。彼が「因果性の原理」に着目して、因果性は経験的なものからしか取り出すことができないために、「主観的な必然性」しかもてない、と喝破したのはきわめて正しかった。〔⇓原因—結果の原理は、突きつめれば、われわれがある経験をくりかえし、そこから一定の因果が反復されることでしか取り出されない、とヒュームは主張した〕。

しかし、にもかかわらずヒュームの認識の批判は、「理性の批判」というよりむしろ「理性の吟味」というべきものである。これはまだ、われわれの認識の限界についての「疑惑」の表明にすぎず、理性の限界についての本質的な解明とはいえないからだ。

およそ理性批判の道程の第一歩は、世界認識についての「独断論」からはじまる。つぎに第二歩としてこれに対する懐疑論的「吟味」へと進むが、それはさらに最後の第三歩、つまり、客観的認識の限界についての本質的な理解にまでゆきつくべきものである。

本質的な理性批判は、正しい方法によって世界のさまざまな対象の一切を正しく認識できると主張するのではない。それは、人間の認識の本性についての本質的な学であり、およそ理性と悟性の本性の問題については、必ず本質的な答えを見出すことができる、と主張するのである。

というのも、理性の限界の問い自体、もともと理性がその本性にしたがって提出したものだからだ。だから、懐疑論者の非難は、独断論者には有効であっても、われわれの理性批判の立場に対しては無効なのだ。

それは独断論の越権をいましめるという点では意義をもつが、理性の限界の本質についてはまだ「不定の知」のうちにとどまっているのである。

ヒュームは懐疑論者としては、おそらく最も聡明で最も優れた哲学者だった。しかし彼は、悟性と理性がはたしている本質的な役割を区分することができなかった。このため一切の認識を経験的なものと考え、そこから取り出されたどんな法則も、決して主観的な原則を超え出ることができないと考えた。またおよそ必然的で確実な認識は存在しないという結論にゆきついたのだ。

こうしていまや偉大な懐疑論者であるヒュームの主張の不十分な点も明らかとなった。われわれは、世界の先験的理念について、懐疑論的な反論の前で足踏みをしているわけにはいかない。ここで確認してきたような理性批判こそが、独断論と懐疑論の対立を超えて、真に新しい哲学的主題への扉を開くのである。

## 第三節　仮説に関する純粋理性の訓練

### 先験的理念は妥当な仮説か？

理性の純粋な使用だけでは、事物の客観的存在を認識することはできない。経験を超えた対象においては、理性はただ推論によって可能な概念の可能性を想定することができるだけだ。このことを、われわれは繰り返し述べてきた。

だがこのことは、かえってさまざまな仮説の氾濫を招くことにならないだろうか。確定的な認識だと主張しなければ、誰でもさまざまな「仮説」を立ててよいということになるからである。

たしかに、仮説が妥当であるにはそれなりの条件を必要とする。少なくとも、その存在が「可能」であることが確証されて、はじめてそれは妥当な仮説といえる。

たとえばわれわれは、何か新しい根源的原因や存在、たとえばまったく接触なしに引きつける力〔⇒サイコキネシスのような霊的物理力〕とか、どこでも自由に通り抜けたり移動できる物体といったもの、つまり、時間、空間にまったく制約されず、自然法則から自由であるような事物といったものを、みだりに「仮説」として立てることはできない。そういったものは単なる「空想」にすぎない。

ところで、ではわれわれが考察してきた先験的な諸理念の仮定は、単なる空想といえないのだろうか。

われわれは、「神」「自由」「魂」という理念が人間理性の本性にとって必然的な理念であることをみてきた。そして、それらが単なる恣意的空想にすぎないという否定論に対してこれをはっきりと擁護できるのである。私はこの先験的理念の擁護を、純粋理性の「独断的使用」ではなく「論理的使用」と呼びたい。

## 懐疑論者の反論

繰り返すが、「理念」の現実存在が証明できないことを強力に主張する懐疑論者に対して、われわれの方は、まさしく彼らが用いる同じ論拠によって、神や霊魂の不滅の絶対的な非存在もまた証明できない、と反駁することができる。

たとえば、心と身体とはまったく異なった自立的な本質をもつ存在だと主張すると、経験論者は、われわれの心と身体はその因果においてはっきり結びついていることは誰でも知っている、と反論するだろう。

しかしこれに対してわれわれは、心の働きが身体という条件に依存しているということは、心に生じることの一切が身体的要素に還元されるということを意味しない、と反論できる。懐疑論者たちも、心と体の直接的な因果関係を決して証明できるわけではないのだ。

彼らはまた、どんな生き物もその発生自体が偶然的である以上、生命の永遠性ということ自体偶然的である、と主張するだろう。だが、これに対してもわれわれはつぎのような「仮説」を提示できる。

個々の生命はたしかに偶然的に生滅する。しかしこの世における個体の誕生や死というものは、あくまでわれわれに経験されている「現象」にすぎない。生命の存在それ自体は「可想的なもの」であって、個別の出生と死滅は単にわれわれに現われている「現象」かもしれない、と考えることはなんら不可能ではない、と。

この仮説はもちろん実証されることはなく、相手の反対論への対立概念にすぎない。しかしこの対立的仮説の手続きは、あくまで合法的であり妥当なものだ。それは反対意見の主張とまったく等価な正当性をもつからである。

## 第四節　理性の証明に関する純粋理性の訓練

一方でこれら「先験的理念」の実在に対する強固な反対論があり、これに対して、この重要な理念を擁護して、その客観性を証明しようとする多くの試みがある。しかし、そのような客観的証明の試みが不可能であることの本質的な理由をまず確認することこそ、これらの理念を真の意味で擁護するための第一歩なのである。

「思惟する実体」、つまり「心」の単純性を、われわれの統覚がつねに「同一的」であるということから証明しようとする試みがある。しかしこれは不可能だ。「心」の同一性や単純性とは一つの「理念」だから、経験的に確証することはできない。それはただ純粋に理念の本質として推論されるほかないのだ。

われわれは誰も、経験的には、自分の心はつねに単純で同一であると考えている。しかしそのことは、「心」がそれ自体独立した「実在的存在」（実体）であることを意味しない。われわれが運動するとき、自分の「身体」を単純な「同一性」として意識しているが、そのことは、身体がさまざまに関連しあった部分や機能からなることを否定できないのと同じである。

われわれはあることを証明したいと考えると、どんな手がかりでも利用しようとして正当な推論を逸脱し、誤謬推理に陥る。重要なのは、理性の推論がどのような条件において、その正当性を保つことができるのかについて、明瞭な指標を確定することである。

私は以下にそれを整理してみようと思う。

(1)第一の規則は、「先験的理念」について、厳密な意味での「証明」が成り立つにはどのような条件が必要か、それはまたどのような権利で根拠づけられるのかを確定しておくこと。すなわち、まず第一に、どんな経験的な証明からも、理念の客観性は確証できないことを確認しておく必要がある。

(2)第二の規則は、およそ先験的命題の証明というものは複数ありうるものではなく、ただ一つしか見出されないということ。

数学や自然科学の証明は、純粋な直観あるいは経験的直観が、綜合的判断を作り出しており、それは唯一の道をたどる必要はない。たとえば、三角形の内角の和が二直角に等しいことを証明するには、いくつかの方法がある。

これに対して、すでにわれわれは「生起するものはすべてその原因をもつ」という命題を、一切の出来事は時間のうちにあるという根本条件から導いたが、この命題はこれ以外の証明根拠をもたない。

同じように、「魂は単純である」といった命題は、ただ一つの概念を規定するものだから証明根拠もただ一つしかない。「神は実在する」という命題も同じで、経験的な証明は不可能であり、神の存在の必然性とその現実存在との結びつきが、この理念自身の本性として証明されねばならない。

しかし、みてきたように、それらはともに、「理念」の本性それ自体から証明することができないのである。そして、このことが、これを証明しようと努力する独断論者に対する、懐疑論者たちの反論を強力なものにしているのだ。

（3）第三の規則は、先験的命題の証明は、間接的証明であってはならず、直接的証明でなければならない、ということだ。

これは第二の規則から必然的に出てくることで、唯一の道が閉ざされているために、人はさまざまな方法をとってそれを間接的に証明しようとする。

しかし、いかにわれわれの心証に訴えるそれらしい証拠が並び立てられようと、この方法もまた理念の証明としてまったく無効である。

数学においては、こういったイメージに頼る間接証明はそもそもまったく認められないし、自然科学ではこの「ごまかし」は観察の反復によって検証され淘汰される。しかし「神」や「魂」の問題では概念の厳密な同一性も成り立たず、経験によって検証されることもないために「偽りの推理」がまかり通るのである。

とくに、これらの「理念」の証明において、『**反対の主張を論駁することによってこちらの主張を正当化するという方法はまったく許されない**』。これもまた間接的証明なのである。

このような議論は、まずどちらかが正しいはずと前提しておき、つぎに相手の議論の論理矛盾を指摘することによって自分の立場の正しさを主張しようとする。

しかしこの議論は、相手の矛盾をつくだけで自分の立場を直接的に証明しているわけではないし、自分もまた同じように直接的な証明をもちえないという矛盾を露呈するだけなのである。

これらのことはもう何度も繰り返し確認してきたことだ。いまみたような間接的証明法による反対議論は、相手の推論の不備をつくけれど、そのことで相手の主張を絶対的に否定することはできず、したがって自分の主張の正しさを証明することもできないのである。

〔☆⇓相手の矛盾をついて自分の正しさを主張するこの方法を、一般に「背理法」あるいは「帰謬論」と呼ぶ。ここでカントは、アンチノミーの議論がすべてこの帰謬論のかたちをとっていることを認めている点に注意。

アンチノミーの議論もまた、まずどちらかが正しいという前提から出発し、はじめに相手の命題を仮定してそれが成り立たないことを証明し、最後にそのことで自分の命題が正しいことを証明する、というかたちをとっていた。〕

## 第二章　純粋理性の規準

私がここでいう「規準」（カノン）とは、理性の能力を正しい仕方で使用するための規準（スタンダード）のことだ。

従来の一般論理学も、理性を正しく使用するための規準を作り出していたわけだが、それがあくまで形式的な正しさの保証にすぎなかったことはすでに述べた。

われわれがみてきたのは、「先験的分析論」〔⇒「カテゴリー」と判断力の「原則」〕が、認識と判断のために理性（と悟性）を正しく使用するための「規準」だということだった。それが示したのは、悟性のカテゴリーと判断力の原則は、あくまで、われわれが経験的な対象を正しく認識するための規準であって、経験の領域を超えた領域では無効だということである。

つまり、「神の存在」や「魂の不滅」といった理念の認識については、その客観性を導く正しい「規準」はどこにも存在しないということにほかならない。

では、われわれがこれらの重要な「理念」についてその本性を認識することはまったく不可能なのだろうか。

私は、それについてこういいたい。たしかに、理性の「思弁的使用」においてはこのことは不可能である。しかし理性の「実践的使用」においてはそれは可能である、と。

以後、この問題を考察してみよう。

## 第一節　われわれの理性の純粋使用の究極目的について

思弁的理性がその客観的実在を認識しようとしたのは、意志の自由、魂の不滅、そして神の存在という三つの理念だった。しかしよく考えてみれば、このことは、事物の正しい認識をこととする思弁的理性にとっては、重大な「関心」事とはいえない。

まず、仮に意志が本質的に自由であるとしても、「認識」としては、「自由」は自然法則的な因果としても説明されうる。また心が自然とは異なった原理だということがはっきりしたとしても、それはわれわれの自然認識をとくに大きく変えるわけではない。

またたとえ「神の存在」が証明されたとしても、この世界の秩序が見事な合目的性をもつ理由ははっきりするが、しかし自然認識自体は、これまでと同じく経験データが蓄積されることによってしか拡大されない。

要するに、右の諸理念が証明されたとしても、認識をこととする思弁的理性にとってはとくに得るものはないのだ。

ここで、「神」や「魂の不死」が実在するのかどうかという問いをいったんおいて、われわれはなぜ、かくも長いあいだこれらの理念について認識しようとしてきたのかと問うてみよう。つまりこの哲学的問いの動機を考える必要があるのだ。

するとそれは理性の「思弁的関心」ではなく、むしろわれわれの「実践的な関心」、つまり「かくありたい」「かく生きたい」という関心から現われた問いであることに気づかないだろうか。

ただし、この場合の「かくありたい」は、単なる「幸せになりたい」を意味しない、われわれの「自由な意志」とは、「善く生きたい」というわれわれの道徳的な関心を意味する。そして、この関心は、「何々を得るためには何が必要か」という欲求の規準ではなく、自由な意志として「かくかく為すべし」という道徳的規準を意味している。

こうして、いまやわれわれは、先験的理念の問いの真の動機を理解する。それはつぎのような命題として表現されるだろう。

**『もし意志が自由であり、神と来世**〔⇓魂の不滅〕**が存在するならば、われわれは何をなすべきなのか』**(nämlich, was zu tun sei, wenn der Wille frei, wenn ein Gott und eine künftige Welt ist（

829))。
動物的な意志は、そもそも「感性的衝動」にすぎない。これに対して、人間の意志は、感性的衝動にしたがうのではなく、理性の判断と指示にのみしたがう「自由意志」である。この自由意志にもとづく意志のみが「実践的自由」と呼ばれる。つまりそれは、人間に固有の「自由」のあり方である。

われわれもまた動物としては、苦しみを避け、快を求める自然な欲求の傾向性をもつ。つまり、感性的衝動〔⇓身体性からくる感情や欲求や欲望〕は「自然法則」に属している。

しかし、われわれの「自由意志」は、自分の存在が「善く」あるには何が必要で何が有益かという、理性の配慮にもとづく意志（かく為そう）である。そしてこのような実践理性〔⇓純粋実践理性〕のありようは、一つの法則として、つまり「道徳法則」として示される。

繰り返せば、人間の自由意志は、感性的な衝動（感官を触発するもの）によってのみ規定されるものではない。それは自分の存在全体への理性的配慮にもとづく「かく為すべし」という意志である。このような実践的理性の本性は、一つの法則として、つまり先に述べた「道徳法則」として定式化されるのである。

この法則は、「ものごとはかくある」ではなくて、「ものごとはかくあるべし」という定言命法（命令文）の形、つまり実践的法則の形をとる。われわれはこの「自然法則」と「道徳法則」との差異をよく理解する必要がある。そのことが、「神」や「魂の不死」（来世）という理念の本質を考えるうえで最も重要なカギとなるのだ。

## 第二節　純粋理性の究極目的の規定根拠としての最高善の理想について

こうしてわれわれは、「理性」の関心を、つぎの三つの問いにまとめることができる。

（1）私は何を知りうるか（純粋理性の問い）
（2）私は何をなすべきか（実践理性の問い）
（3）私は何を希望することが許されるか（判断力の問い）

第一の問いは、世界についての「純粋な認識」の問いである。ここまでみてきたように、「純粋理性」は認識の限界をもっており、われわれは「神」や「来世」が存在するかといった問いに答えることはできない。

第二の問いは、道徳の問いであるが、これは思弁的理性によって答えることはできず、ただ実践的理性だけがこれに答えを示すことができる。

第三の問いは、これを、「私がなすべきことをしたなら、私は何を希望することが許されるか」と言い換えることができる。そしてこれは、実践的問題であるとともに理論的問題でもあるような問いだといえる。

〔☆⇓第三の問いは、人は道徳的であることによって、「何に値するか」。もっといえば、「全知の神が存在するなら、道徳的存在であることで何を期待できるか」、という意味になる。この問いは、実践的問題であるだけでなく、純粋な理性の推論から導くことのできる問題でもある、というのがカントの主張だ。〕

一般的には、どんな人間も「幸福」を求める。また、幸福（幸せ）とは、われわれの「傾向性」〔⇓感性的な欲求、欲望〕をできるだけ満足させることを意味する。

この「幸福を求める」ための原則、「幸福であるために何をなせばよいか」を私は「実用的規則」と呼ぼう。これに対して、「幸福に〝値する〟ことを求める」ための原則は「道徳的法則」と呼ばれる。

「実用的な規則」は本質的に経験的なものだ。というのは、感性にとって何が「快」＝「幸福」であるかは、経験によってしか分からないからだ。これに対して、道徳の原則を取り出すためにわれわれは経験を必要としない。これについては、理性によってあくまでアプリオリにこれを考察することができる。

すると、「幸福になる」ための法則ではなくて、「幸福に値する」ための法則は、経験的な知ではなく、絶対的かつ必然的なものである。だからそれは、「仮言的」ではなく「定言的な命法」のかたちをとることになる。

〔☆⇓つまり、「幸福たろうとするなら、これこれをなすべし」という仮定法（仮言命法）ではなく、定言的な命令文「かくかくのことをなせ」、という法則になる。『実践理性批判』においてそれは、**『君の意志の格律が、いつでも同時に普遍的立法の原理として妥当するように行為せよ』** Handle so, daß die Maxime deines Willens jederzeit zugleich als Prinzip einer allgemeinen Gesetzgebung gelten könne. というかたちで定式化される。

道徳的命法は仮言命法ではなく「定言命法」だというカント説は、前者が経験的な知なのに、後者（道徳的法則）は純粋に理性的判断によって認識されるものであることを強調するための言い方である。ただ、ここには「幸福に値するためには」という前提が含まれていると考えれば、道徳的法則も「幸福に値するためには、かくかくのことをなせ」という仮言命法の側面をもつといえなくもない。〕

この意味で、純粋実践理性は、人間の道徳的行為を促し可能にするような原理（道徳的原理）を含んでいる。世界があらゆる点でこの「道徳法則」にかなっているなら〔⇓もしすべての人間が理性的存在として、この道徳法則にしたがうなら〕、そのような世界を私は「道徳的世界」と名づけたい。

だが、もちろんこれは、あくまで一つの「実践的理念」でしかありえない。しかしこの実践的理念は、人間の感性に対しても現実的かつ重要な影響を与えうるし、また与えるべきものである〔⇓この理念は、すぐあとで「最高善」と呼ばれる〕。

## 第二の問い「何をなすべきか」「最高善」

こうして先にあげた第二の問い「私は何をなすべきか」に対する答えは、「幸福を受けるに値するように行為せよ」、ということになるだろう。では、最後の「私は何を希望することが許されるか」についてはどうだろうか。

こう答えるべきだろう。「人は自分自身を幸福に値するように行為するかぎり、幸福を望みうる理由をもつ」、と〔⇓カントの意をくめば、「道徳的に生きる人は、幸福になる正当な権利をもっている」〕。

かくして、純粋理性の「理念」としては、道徳と幸福の原理は統一されるべきものとなる。つまり、すべての人がつねに道徳的に生き、そのことによってすべての人が幸福になる、これが世界の道徳的理想状態として、つまり道徳の理想的「理念」として示されうる。

しかし、もちろん実際には、道徳的行為は、そのことで人間を幸福にするという保証をどこにももたない。そこで、いま述べた「道徳的世界」の理想状態が可能であるための条件を求めるなら、それはただ人間に道徳性を求める全知全能の「最高存在」（神）がこの世に存在している、という想定においてのみ可能なものとなるだろう。

私は、この想定、つまり自然の究極原因でもある「最高の叡智者」が完全な道徳的意志と幸福の状態とを配慮して存在しているという世界の理念を、「最高善の理想」と名づけたい。

〔☆⇓『**私は、道徳的に完全な意志と最高の至福とが結びつく形で、世界における一切の幸福の原因として存在しているような叡智者の理念を、それが道徳性（幸福となるに値すること）の概念と正しく対応しているかぎりで、「最高善」の理念と呼ぼう**』(838)。〕

また、このような完全な道徳と幸福の一致という「可想界」としての「最高善」の世界は、すぐに実現することはありえないから、われわれはそれを「来世」（魂の不滅）における可能性として想定せざるをえない〔⇒個々の人間は道徳的に不完全なままで死んでしまうので〕。

したがって、この「最高善」の理念からは、「神」と「来世」という二つの概念がどうしても必要な二つの前提となる。

こうしてつぎのようにいえる。われわれの理性は、「最高善」「最高存在」「来世」という可想界を想定しなければ、「道徳」それ自体をまったく無価値なもの、無意味なものと考えざるをえないことになる。

逆にいえば、道徳というものがわれわれにとって意味あるものと考えるかぎり、「神」と「来世」が存在するという想定は人間の理性にとって不可欠でありかつ必然的なのである。

だからこそわれわれは、道徳的な行為をわれわれにとっての一つの内的な「命令」とみなす。またそれが「命令」であるかぎり、そこには一定の「威嚇」だけでなく、一つの「約束」が含まれていると考えられる。

「道徳的法則」にしたがって道徳的行為をなすとは、それを自らの自由な意志においておこなうことだ。しかしそれは同時に、自分の道徳的なおこないを「最高善」の理念に結びつけているということでもある。もし神や来世が存在しなければ、そもそも道徳的行為が

「幸福に値する」ということ自体、無意味になるからだ。

さて、いま述べてきたような「神の存在」についての考察を、私は「道徳神学」と呼びたい。道徳神学は、従来の思弁的神学に対して、道徳的な実践理性の観点から、完全無欠な根源的存在者としての「神」といった観念をはっきりと導く、という優位性をもっている。

ここでは神は、単なる自然や世界の究極原因であるだけではなく、全能なる最高意志であり、また全知かつ永遠の存在でなければならない。そうでなければ、神は、道徳界と自然界を統一して最高善の理想を実現することのできない存在となるだろう。

もし神の意志による自然と道徳との合目的的統一が存在しないのであれば、われわれは自然の合目的性や秩序を認識することもできないし、またそもそも理性を訓練したり開発することもできないだろう。

われわれの理性は、道徳の合目的的統一が必然的であるのとまったく同じ理由で、自然の合目的統一も必然的であると考えざるをえないのだ。

理性の歴史において、人間は、はじめは素朴だった「道徳」の概念を徐々に純化しつつ、同時に自然の知識をも展開してゆき、キリスト教における神の存在の明瞭な観念をつかむところまで進んできた。

そしてわれわれはキリスト教の「神」の概念を受け入れたのだが、その理由は、キリスト教的「神」がいまみてきたような道徳神学の「神」の概念と矛盾することがなかったからである。

こうして、いまやわれわれの道徳神学、つまり先験的神学の立場は、これまでの神学がはたせなかった「神」の認識という課題を受けて、それを理性の本質的な目的としての「最高善」の理念として、再生したといえる。そしてそれは、何よりわれわれの「実践理性」の功績だといえるのである。

## 第三節　臆見、知識および信について

およそ「意見」というものを、「臆見」(思いなし)、「信」、そして「知識(認識)」に分けることができる。「臆見」は、主観的にも客観的にもあやしいもの、「信」は、主観的にのみ確信されているが、客観的には疑わしいもの。そして「知識」は主観的にも客観的にも確実なものである。

われわれにとって問題なのは、「最高善」「神」「来世」といった先験的な理念だが、こ

こでは「臆見」はもちろん無意味だが、また確実な「知識」も成立しない。われわれがこの領域で依拠することができるのは、理論的認識ではなくて実践的理性における「信」である。

さて、ではこの先験的理念についてのわれわれの「信」を、どのようなものと考えるべきだろうか。

たとえば、医師がある患者を治療するとき、病気の診断に絶対的な自信をもてない場合でも、自分の能力のベストをつくして診断を下すほかないときがある。このときの医師の「信」は、余儀ないものとはいえあくまで偶然的なものであり、主観的にのみ最善の「信」である。

別の例を考えてみよう。ある人間が自信たっぷりに自分の意見を主張するとき、その「信」の度合いを測るよい基準がある。「賭け」がそうだ。

彼は、たとえば一ドカーテンの金なら自分の意見に賭けても、十ドカーテンなら躊躇するかもしれない。こうして賭け金を大きくしてゆけば、彼の「信」がどの程度の強度をもっているかはっきり示されるはずである。

われわれは、ある対象に対して、客観的な実証がなくても、純粋に理論的にその存在について確信をもちうる場合がある。たとえば私自身についていえば、仮にそれが経験によって確かめられるものとして、われわれに見える遊星のうちのどこかに、何らかの住民が存在しているということに、私は全財産を賭けてもよいと思っている。

つまりそれは、単なる「臆見」を超えて私の強固な「信」なのである。そして、私はこれとまったく同様に「神の存在」についても、強固な「信」をもっている。そして、この「信」は、理論的「知識」ではなく、一つの強い理論的な「信」であるといいたい。

われわれの経験的知識は、自然の秩序が見事な美しさを保って「合目的的な統一性」を示す実例を、いたるところで豊富に見出している。自然の現象が示すかくも見事な合目的的統一は、われわれに最高叡智者の存在というものを確信させずにはおかない。また逆にいえば、「最高存在者」の想定なしには、われわれはこの多様な自然の現象を綜合的に秩序づける術をもたないのである。

だが、それでもこれは、あくまで「理論的信」というべきものだ。「自然神学」はこのような強力な「信」を生じさせるものではあるが、「理論的信」というものはやはり不安定なものを含んでいる。

だが、「道徳的信」においては事情は異なる。何人といえども、自分は「神と来世」の存在を確実に知っている、などということはできない。それは理論的に確実な認識としては存在しえないからだ。

しかしわれわれは、実践的には、これを道徳的に「確信」する、ということができる。みてきたように、この実践理性の「信」は、単なる「理論的信」を超えたいわば道徳的な確実性をもっているのだ。

しかし、人はおそらくここで、ではそもそも道徳心をもたない人にとってはこの「道徳的信」はどうなるのか、と問いたくなるであろう。

あえていえば、これほどの重要な問題について、まったくどんな関心ももたないという人はいるはずがない、と私は考える。

たしかに、世の中には、善良な心意をもたず、道徳的関心をもたない人もいる。しかし、そういう人でさえ、神や来世を恐れる心意をまったくもっていないとは思えない。そういう人びとでさえ、「神や来世」などまったく存在しない、と強く主張することはほとんどないのである。

さて、ここまで来て人はつぎのようにいうかもしれない。純粋理性の可能な道を隅々まで探索したはてに、われわれがそれによって得たものは、結局この「神と来世」という大テーマについての「知識」ならぬ「信」ということにすぎなかったのか、と。さらに、それだけのことなら哲学に頼るまでもなく、われわれはすでに常識によって手にしていたではないか、と。

この疑問についてはつぎの章で答えたいが、さしあたり私はこういっておきたい。最高の哲学といえども、およそ人間の重要な問題について、自然が常識に与えた以上のものを大きく超え出ることができるわけではない。大事なことは、そのことの理由を、深く、本質的な仕方で理解するということなのだ、と。

## 第三章　純粋理性の建築術

私がここでいう建築術とは、学の体系を構成する技術のことだ。およそ、理性の学（哲学）の根本構想は、いうまでもないが、明確な理念にもとづく建築術的な統一の図式をもたねばならない。しかし実際には、立てられたものが哲学の理念とよく合致することはむずかしい。

だが、われわれは、多くの哲学的認識についての材料を積み上げてきた。いまやこれらの知識をもとにして、私は、純粋な理性にもとづく一切の認識の学の全体体系（建築術）、といったものを構想してみよう。その全体図はおおよそ以下のようになる。

まずわれわれの認識能力は、大きく二つの幹に分かれる。一つが「理性的認識能力」、もう一つは「経験的認識能力」である。歴史や自然認識は経験的認識であるが、理性的認識は、原理にもとづく認識つまり数学と哲学とに分かれる。

認識能力　（1）理性的認識能力
　　　　　（2）経験的認識能力

「理性的認識」→「原理」にもとづく認識→数学や哲学
　①　概念の構成による認識（数学）
　②　概念による認識（哲学）

「原理」にもとづく認識のうち、数学は、われわれのアプリオリな概念を厳密に展開してゆくものだから、誰にとっても厳密に同一の認識として体系的に展開され、その体系は同じものとして学ばれうるものとなる。

しかし、哲学は、そのような同一性としての概念の展開をもたないから、厳密な意味では、哲学を体系として学ぶことはできず、われわれは『**せいぜい**（略）**哲学的に思索することを学びうるだけである**』（865）。

哲学における固有の主題として、「世界概念」〔⇒世界の全体的認識の可能性。世界の存在、自由、そして神など〕というものが存在してきた。この点で哲学は、すべての諸学の基礎となる学だといえるが、また哲学は、人間理性それ自身の本質的認識（とくに道徳的目的の認識）の学にほかならない。

つまり哲学者とは、人間理性に普遍的法則を与える「理性の立法者」だといえる。これに対して、数学者、自然学者、論理学者についていえば、この三者はいずれもいわば「理性の技術者」にすぎない。

哲学における「立法」という理念は〔⇒立法 Gesetzgebung は、法則を見出すことだが、道徳的には「なすべきこと」の規準を打ち立てること〕、どんな人間の理性にも内在する。そこでこの人間理性の本性について、哲学がどのような学的体系をもちうるか構想してみよう。人間理性の立法たる哲学は、二つの領域をもつ。つまり、存在する一切のものに関係する自然哲学と、われわれの自由の本質にかかわる道徳哲学である。

そして後者は、人間の究極目的（とそのための派生的な目的）、つまり人間の全使命について探究し考察する学であり、理性認識における最も重要な位置に立つべきものだ。

さて、もう一度確認すると、およそ哲学的認識は、純粋理性による認識と経験的認識とに分けられる。前者は純粋哲学と呼ばれ、後者は経験哲学と呼ばれる。

純粋哲学は、一切のアプリオリな認識についての基礎となる批判哲学と、純粋理性の学的体系をかたちづくる形而上学とに分かれる。そして、形而上学はまた、思弁的理性の形而上学（自然の形而上学）と、実践理性の形而上学（道徳の形而上学）とに区分される。これを図示すれば、以下のようになるだろう。

《哲学》

I「批判哲学」（認識の本質論）

II「形而上学」

1　道徳の形而上学……純粋理性の実践的使用

2　自然の形而上学（狭義の形而上学）……純粋理性の思弁的使用

1. 先験的哲学　存在論……世界存在の形而上学

2. 自然学（内在的使用）　理性的自然学……①理性的物理学→経験的に与えられる外的自然についての学

②理性的心理学→内的自然としての思惟、つまり「心」の学

（超越的使用）①理性的宇宙論……世界に関する先験的認識
②理性的神学　……神に関する先験的認識

道徳の形而上学は、人間のなすべきことをアプリオリに規定し、またこれを必然的なものとする原理の考察を含む。これはアプリオリな原理にもとづく純粋な道徳哲学となる。

これに対して、これまで一般に形而上学と呼ばれていたものは、われわれの観点からは、思弁的理性の形而上学を意味する。

「思弁的な形而上学」は、純粋理性の「先験的哲学」と自然学（自然哲学）に区分される。「先験的哲学」は、個別の存在対象ではなく、「世界の存在」一般の意味を考察する「存在論」をなす。そして「自然学」は自然として与えられた存在対象全般についての考察である。

以下、自然学は、自然的（内在的）領域と超自然的（超越的）領域に分けられ、前者は、経験に与えられるいわゆる自然世界、つまり事物的な自然と「心」を対象とする。

後者はまた、「世界に関する先験的認識」としての「理性的宇宙論」と、「神に関する先験的認識」として「理性的神学」を構成する。

こうしてわれわれは、哲学と形而上学の一般的理念の全体像をみてきたが、いまやつぎのことを理解するだろう。まず、形而上学は、神の存在、その本性などを客観的に認識することはできないから、宗教の学的な基礎とはなりえないが、依然として宗教を擁護するものではありうる。

人間理性は本性的に弁証的〔⇓仮象的推論をおこなう〕なものだから、これを批判なしに放置しておくと、思弁的理性の恣意的な推論によって、道徳や宗教の領域における大きな混乱をもたらす。

形而上学の区別は、このような思弁的理性の逸脱をよく制御するうえでたいへん重要なのである。

この作業によってわれわれは、不和になった恋人のもとに戻るように、いまや衰亡の危機にある形而上学の真の根拠を、もう一度取り戻すことができるのである。

そもそも真の意味での形而上学は、人間理性にとって欠くべからざるものだ。それは理性の本質を深く考察することによってその真の意義を取り戻し、一切の学の使用の根底におかれるべきものとなるだろう。

**『形而上学こそは一切の人間理性の文化的開発の完成である』**(878)。

# 第四章　純粋理性の歴史

私はこの「純粋理性の歴史」という章を、将来、純粋理性の哲学体系において本格的に考察されるべきものとして、ごく簡潔に、その概要だけ示したい。

哲学の歴史を通覧してみると、「神の認識」や「来世への希望」の問題はつねに人びとが解明しようとしてきた最も重要な問題だったことが分かる。そしてこれまで多くの知的な人びとが、来世で幸福になるためには、この世で善きおこないをなすことが何より大事だということを認めてきた。

つまりここでは、神学と道徳哲学はつねにその動機を結びあっていた。また神学はこの問題を思弁的に「形而上学」という領域において追究してきたのである。

だが、私はここで形而上学の歴史を詳しくたどることはせず、この歴史の動因となった最も中心的な三つのテーマをとりあげ、そのポイントを示しておきたい。

（1）理性認識の対象

理性は根本的に何を認識できるのか。これについては感覚論と知性論との根強い対立が存在した。感覚論者の代表はエピクロスであり、知性論者の代表はプラトンである。

感覚論者は、われわれの五官が受け取ることのできる対象だけが現実的（リアル）なものであり、それ以外はすべて人間が作り上げた概念や論理にすぎない、と主張する。

これに対して知性論者は、感覚はつねに移ろうものだから確実性をもたず、悟性（知性）だけが「真に存在するもの」を認識すると説く。

感覚論者は、知性的な存在（イデア的なもの）をまったく否定するわけではないが、彼らにとってそれは、人間の抽象物にすぎない。これに対し知性論者は「イデア的なもの」を可想的存在、つまりある種「神秘的」で彼岸的、超越的な存在だと考えてきた。

（2）純粋理性認識の起源

ここでの対立のポイントは、理性による認識は、その源泉を経験にもつのか、それとも理性それ自身の本性を根拠とするのか、という点にある。アリストテレスが経験論者の筆頭であり、プラトンは理性主義者を代表する。

近代では、ロックがアリストテレスを、ライプニッツがプラトンを継承した。しかしロックもライプニッツも、理性認識の真の起源を究明することができなかった。エピクロスは少なくとも経験認識の限界をよくわきまえていたが、経験論者のロックは経験的認識の限界を十分自覚できず、「神の存在」と「霊魂の不死（来世の存在）」とを、数学の定理のように確実なものとして「証明」できると主張した。しかし、もちろんこれは誤りである。

（3）認識の方法について

方法と呼ばれるかぎり、それは考え方の「原則」をもたねばならない。いま自然研究の領域で確立されている方法的原則は、自然論的方法と学的（哲学的）方法とに区分できる。

まず自然論者についていえば、彼らは自然を認識するのに厳密な学問は無用であり、常識によるのが最もよいと主張する。しかしそれは、いわば月の表面積や直径を測るのに、目分量で十分だというのと違わない。ここにはおよそ学問というものへの軽視がある。

つぎに、哲学的方法についていうと、ここでは「独断論的方法」と「懐疑論的方法」という重要な対立が存在している。

独断論者の代表として私はヴォルフの名を、また懐疑論の筆頭者としてはヒュームの名をあげたい。だが、ここまで詳しくみてきたように、これらの二つの方法はともに相手を十分に批判し説得しつくすところまで進むことはできなかったし、そのことは彼らの依拠する方法からみて原理的なことであった。

こうして、われわれに残されている道は、結局のところ、諸君が私と道をともにしてきた先験的哲学による「批判的方法」だけである、と私はいいたい。

しかし、この方法が、果たして哲学にとって決定的な新しい道を拓くことができたかどうか、それは諸君の判断に待つほかはない。

**☆章末解説④（理想）**

もう一度確認すると、カントによる人間観念の基本構成は、「感性」「悟性」「理性」である。そして、そのそれぞれについて、カントは、以下のようなアプリオリな形式性、つまり枠組みを想定している。そして、人間の認識は、すべてこのアプリオリな基本的枠組み（形式性）にもとづいておこなわれるとされる。

（1）「感性」→二つの形式性

①空間

②時間

（2）「悟性」→四つのカテゴリー

①量

②質

③関係

④様態

（3）「理性」→三つの「理念」

①魂　（誤謬推理）

②世界（自由）（アンチノミー）

③神（理想）（存在証明）

「理性」は現にある与件から出発して、その系列をさかのぼりそれを完全化する推論の能力であり、ここから、事象を理念化する力をもつ。そしてカントによると、この理念化の最も極限の形が「魂」「自由」「神」なのである。

さて、第三章「純粋理性の理想」で扱われるのは、世界の究極原因あるいは最高存在者としての「神」の理念であるが、まずここでの「理念」と「理想」という言葉について解説しよう。

カントでは、「理念」とは、あることがらについて純粋理性が思い描くその「完全性」や「全体性」を意味する。たとえばわれわれはまっすぐに木を切ったり、まっすぐな線を引いたりする。しかし、誰も厳密な意味で、完全にまっすぐに木を切ること、線を引くことはできない。

しかし理性はその理念化の能力によって、完全にまっすぐな線というものを想定することができる。それが数学的な「直線」の概念である。つまり「直線」の概念は、経験的な「まっすぐなもの」から理性の完全化の能力によって作り出された「理念」なのである。

こう考えると、純粋理性が作り出す「魂」と「自由」と「神」という三つの根本理念が、「私」と「世界」と、そしてその両方を総括するものについての「理念」であることがよく理解できるだろう。また、最後の「神」の理念が、「私」と「自由」（世界）を総括するもっとも上位の理念として、とくに「理想」と呼ばれる理由も理解されるはずだ。

ともあれ、ここでカントはこの「先験的理想」としての「神」の存在を取り上げ、これについても理性による認識が不可能であることを証明しようとする。

人間の理性は長く神の存在証明を試みてきたが、カントによればそれは以下の三つに大別できる。

①「自然神学的証明」　自然の観察からその根本原因として神を推論する。
②「宇宙論的証明」　原因―結果関係から、究極の原因として神を推論する。
③「存在論的証明」　最高存在という概念から、その現実存在の必然性を推論する。

カントは、まずはじめに第三の「存在論的証明」の不可能を明らかにし、そのあとで神学的証明と宇宙論的証明が、結局存在論的証明に依拠していることを示すことによって、「神の存在証明」自体の不可能性を証明する、という手順をとっている。

まず「存在論的証明」は、「最高存在者という概念それ自体に、現実存在するという意味が含まれている」という考えを根拠とするのだが、そもそもこの命題は、「綜合的な命題」ではなく「分析的命題」である、とカントはいう。

それが分析的命題であるということは、この命題の正しさは、単に論理的、概念的に矛盾がないということにすぎず、客観的、現実的な正しさは保証されないということだ。ゆえに、存在論的証明は神の存在証明として、その十分条件といえず、無効であるとされる。

綜合的命題、分析的命題という概念によって、少し分かりにくくなっているが、それが「分析的命題」だというのは、要するに決して経験的に検証できないということだ。神は「最高存在」なので、その概念のうちに必ず現実存在するという意味を含む。だから神は現実存在する。この推論はもちろん誤謬推論だが、それをカントは、「百ターレルが存在する」は命題としては可能であり矛盾がないが、しかしそのことは、私がいま実際に百ターレルをもっていることを保証しない、という例で説明している。

この神の存在証明の不可能性については、読者は、アンチノミーの議論のように入り組んだ議論にまどわされることなく、その理路を理解できるはずだ。

事物についての客観的認識の正しさの最も大事な条件は、経験的な検証可能性ということであり、これを通してさまざまな事象ははじめて万人にとっての共通了解となる。しかし理性はその本性によって世界や最高存在についての完全な推論が可能だとみなし、そのことで認識不可能な対象までも正しく認識しうると考えるのだ。

さて、こうして、「魂」「自由」「最高存在」という理性の先験的理念についての認識不可能性を証明したあと、カントは、「先験的方法論」で、ここまでおこなってきた理性批判の「意味」を確認する。ここはいわば『純粋理性批判』の最後の総括であり、分量的には短いがたいへん重要な箇所である。

まず、人間の理性は、経験的な対象としての諸事物、すなわちその現実性を経験的に検証できる自然事物と、数学的な直観については、客観的認識をもつことができる。

だが、論理的に整合的で矛盾のない命題や推論であっても、経験的な検証可能性（綜合的判断）を含まない判断は、単に論理上の正しさしかもてず、客観認識とは認められない。

このことを哲学的原理として深く理解することによって、われわれは、これまで長く哲学に存在しつづけてきた、独断論とその対抗としての懐疑論（これも一つの独断論である）という不毛の対立をはじめて克服することができる。そのためわれわれはこの考えを十分によく身につける必要がある。

ここまでが第一章「純粋理性の訓練」の大きな内容である。

さて、第二章の「純粋理性の規準」がとくに重要だ。ここでカントはつぎのようにいう。

われわれは人間理性の本質的な限界を批判するという仕事を完全なかたちで終えた。しかし、われわれはいまや、なぜ理性は、原理的に不可能な「世界」や「最高存在」という理念について認識しようと試みつづけてきたのか、つまり、これら根本理念を認識しようとする理性の真の「動機」は何であるのか、と問うてみなければならない、と。

この問いが重要なのは、これによってカントは、これまで神学的な仕方で追究されてきた「形而上学」を棄て、これをカントのいう真の意味での「形而上学」、つまり道徳的存在としての人間の意味というテーマに置き換えようとしているからである。

人びとは長く「世界」の完全性や「神の」存在の客観的な認識にいたろうとして大きな努力を払ってきたが、その試みは、結局のところ、決して成功することはなかった。それらはつねに必ず哲学的な懐疑論という強力な反対者に出会い（その代表がヒューム）、これを克服することができなかったのだ。

「世界」や「神」という理念の認識の可能性について、自分もまたその不可能をここで証明したのだが、まず第一に、自分のとった方法は、懐疑論的な不可能性の証明とはまったく違っている。

すなわち、自分が試みたのは、「霊魂の不死」「自由」「最高存在者」の客観認識が不可能であるということだけでなく、同時に、それらは決して存在しえないという証明もまた不可能である、ということを証明することだったからだ。これらの理念は、じつのところ、すべて「可想界」の存在であり、およそ人間の認識の領域を超えたことがらなのである。

そして、まさしくこのことについての深い理解と納得だけが、これまでの神学的な「形而上学」を打倒し、真の意味での「形而上学」、つまり、人間はなぜ生きるのかまたいかに生きるべきか、という問題の新しい探究につながる。そうカントは主張する。

われわれはなぜ長くたとえば「神」という絶対的な「理想」を信じ、その存在証明をおこなおうとしてきたのか。カントはこの事情を、「構成的原理」と「統整的原理」という概念で説明する。これはやや難解な概念だが、重要なのでもう一度確認しておく。

まず、「構成的原理」は、カテゴリーを対象に適用して、その対象の客観性を具体的に把握（構成）するための原理。これに対して、「統整的原理」は、ことがらの完全性や全体性を推論し、因果の系列をどこまでもさかのぼって何らかの「全体像」を思い描こうとする、理性の推論の原理である。

これについてカントの分かりやすい例がある。

たとえば太陽の光の強さを月の光の強さの約二十万倍、といった具合に数量化して構成的にとらえようとするのが、構成的原理。これに対して、「宇宙の全体」についていえば、たとえば一光年の距離を何億倍しようと、その具体的な全体像に達することができない。そこで理性は、宇宙がある「限界」をもって閉じられた巨大な宇宙空間であるとか、あるいは逆に、「果て」のない広がりをもつ無限空間、といった統一的「像」によってこれを表象しようとする。こちらが「統整的原理」だ。

つまり、構成的原理は計算的、定量的原理であり、統整的原理は、完結的な像形成、(したがって理念形成)の原理だと考えればよい。そういうわけで、人間が思い描く諸「理念」は、基本的にこの統整的原理によっているわけだ。

さて、人間社会はなぜほとんど例外なく、「神」の存在(絶対存在、最高存在など)を信じてきたのか。いまやその理由は明らかだ、とカントはいう。それは、この世にさまざまな善きもの、美しきものがあるかぎり、それらを根拠づけている絶対的な「善きもの」や「美しきもの」が存在するはずだという、人間の理性の完全化の能力(統整的原理)に由来する。

すでにみたように、「理念」は、理性の完全化の能力の所産である。われわれはさまざまな「まっすぐなもの」から、「完全にまっすぐなもの」としての「直線」という理念を作り出す。数学的世界は、感覚的な事物がそのような仕方で理念化された世界なのだ。

つぎにカントは、「理念」と「理想」の概念を、プラトンの「イデア」を引き合いに出して説明しているが、これも分かりやすい例になっている。

たとえば、われわれは理想的な人間像を、実際にとくに優れた人物の実例や、傑出した人間を描いた小説などによってイメージすることができる。これらは「理想」を思い描くうえでの一方法だが、具体性がある分、不完全性を含むという弱点もある。

だが、もう一つの方法があって、それがプラトンのとった方法である。

まず、人間にとって優れた美徳とされる諸性質を、たとえば、徳、勇気、慈愛、共感、優しさ、聡明、叡智、真率といった諸概念として表現してみる。さらにそこから、これらの諸概念がもつ根本的な徳性を理念化して取り出すと、「真、善、美」といったより本質的な理念（イデア）として表現できる。そしてさらに、この三つの理念（イデア）のなかから、それらを総括する最も究極の理念として「善のイデア」を取り出すことができる。

プラトンの「イデア」説は、そのような道をとって成立していると考えられるが、カントの思考もほぼこれに習っていることが分かる。プラトンにとって「善のイデア」が「イデアのイデア」であるように、カントにおいて、「神」は、「諸理念の理念」

（ザ・キング オブ キングス）なのである。

さて、カントの最後の結論をまとめると以下のようなことになるだろう。

人間はこれまで長い間、「魂」「世界」「神」という重要な「理念」の客観的実在の認識をつかもうと「形而上学的」努力を重ねてきた。いま先験的哲学は、この試みが原理的に不可能であることを原理的に証明した。しかしそれは「形而上学」の終焉を意味するものではない。

むしろ、これまでの「形而上学」のうちに入り込んでいた、理性の誤謬の理由を完全に解明することで、われわれはいまや真の意味での「形而上学」を開くことができる。

つまりそれは、人間はいかに生きるべきか、また人間の行為は何に値するのか、という問いについての探究であり、これを自分は「道徳の形而上学」と名づける。「理想」というものは、世界の完全性を思い描こうとするわれわれの理性の能力から必然的に現われてくるものだ。

ところでわれわれは、一方で「神の存在」についての客観的認識の不可能性を証明した。しかし重要なのは、「神の不在」を客観的に証明することも、同じく不可能であるということだ。この洞察の意味するところはきわめて重大である。つまり、このことの結果われわれに残されるのは、「理想」についてのわれわれの「信」のありよう、ということだけだからである。

なにより肝心なことは、〝神がじつは実在するかどうか〟にかかわりなく、この「理想」自体がわれわれの世界観にある明確な可能性の像を与える、ということだ。つまり、それはわれわれの生き方や行為に一つの確固とした指針を与え、そのことでわれわれの生に豊かな目標と意味を付与する力をもつ。

そもそもわれわれがさまざまな場面で「理想」をもつというとき、それらは、つねにわれわれの生に意味と目標を与えるものとして、つまり「統整的理念」として現実に機能している。「理想」というものがつねにそのような役割を果たしてきたという事実、このことこそ、「神」という最高の「理想」の存在を確かめようとする人間の努力を支えてきたものである。

これに反して、もしわれわれがさきの洞察から、世界には全体的な意味も存在せず、したがって人間の諸価値を根拠づけるなにものも存在しない、という結論を引き出すならどうなるだろうか。

さきほどとはまったく逆に、〝神という理想がじつは実在するか否か〟にかかわらず、われわれは生きるうえでの確固たる意味と目標とを、完全に失うことになるだろう。このときわれわれは相対的な人間となる。「理想」についての人びとの「信」を無知として嗤《わら》うときだけ自己の優位を感じるような人間、何が自分にとって真に「善」であるか、したがって、自分が真に自由な存在であることを確証できないような人間となるだろう……。

さて、カントのこのような「道徳の形而上学」は、しかし、近代哲学の流れのなかで、ヘーゲル、ミル、ニーチェといった強力な反対者に出会うことになるだろう。だが、わたしはつぎのことに注意を促しておきたい。

われわれの「善」への意志は、一般的には、まず「善き人間たれ」という親のルールに応えようとする無意識の欲求から立ち上がる。「善」への意志と意欲は、人間が生活の中で調和的な仕方で関係を作り上げていくうえでの、必然的かつ一般的な要請なのである。

しかし人が、「善」の存在意味とその根拠といったことについて深く考えることは、稀である。善は本来、共同体が個々人にもたらす暗黙の要請として存在しているからだ。

カントは、人間の認識の構造から出発して、道徳＝善の意味と根拠をとことん考え尽くそうとしたはじめての近代哲学者だった。

人間の理性の本性は推論の能力であり、そこからわれわれは、世界と自分の存在について、必ず何らかの「理念（理想）」を思い描こうとする。そして何らかの「理想」を範例として現実のありようを批判し、また自分が何をなすべきか、いかに生きるべきかという目標を作り上げていくような存在である。世界や神の存在を客観的に認識したいという強い欲求の底に隠れていたのは、じつは、生き方の「理想」を求めるわれわれの理性の本性だった。そうカントはいうのである。

善は、宗教や共同体における秘された神聖性に由来するものではなく、人間である限り誰でもそなえている理性の本性に由来するものである。これはまさしく、近代人の「道徳」と「善」の規定として、きわめて本質的な洞察だったといえないだろうか。

# あとがき

本書は、すでに出ている『超解読！　はじめてのヘーゲル『精神現象学』』（竹田・西）に続く、近代哲学者、超解読シリーズの二冊目である（今回は竹田の単著）。

この「超解読」シリーズは、先行している「完全解読」シリーズ（『ヘーゲル『精神現象学』』『カント『純粋理性批判』』）と対応している。

「完全解読」と「超解読」の棲み分けは、前者は、それ自体でも難解な哲学書の〝現代語超訳バージョン〟として読み進められるが、原テクスト（独文・訳文）の解読のためのレファレンスとしても利用できる。後者は、哲学の予備知識があまりない一般の読者でも、それなりに『純粋理性批判』の独自のストーリーを追えるように配慮している。

＊

カント『純粋理性批判』が近代哲学において占める意義の大きさについては、いくら強調してもしすぎることはない。この書は、近代哲学のみならず、ヨーロッパ思想全体の要の位置にあり、ここでのカントの問題設定と議論を理解できなければ、近代社会における知の全地平をうまく見渡すことはまず難しい。

ところで、これはあくまでわたしの感触だが、欧米では、政治家や知識人、法曹界、ジャーナリズム、マスコミ界などの中核をなす人びとは、多くの場合、若い頃に、強い知的希求をもつ青年として、スピノザやヒュームやカントやニーチェなどを〝読む〟経験をもっているようだ。かつてしばらくロンドンにいたとき、もと絵画の額縁作りを職業としていたというユダヤ人の英語教師と知り合ったが、彼もまた、ヒュームの懐疑論やカントのアンチノミーについて、あたりまえのようにわたしと議論したことをいま思い出す。

おそらく、いま日本社会を支えている多くのインテレクチュアルズのうち、そのような哲学の読書体験をもつ人は、きわめて稀であるにちがいない。

欧米人にとって、哲学は、彼らの伝統的文化を形成してきた根本的な基礎教養であるから、これは当然といえば当然だが、このことからくるいわば基礎教養力というかあるいは基礎論理力の差は、なかなか小さなものとは思えない。

日本の知的階層をなす人びとは、哲学の基礎の上に形成されてきた近代の実証的諸科学の領域では、きわめて優秀な能力を発揮していると思う。しかし、こと哲学においてはそうではない。翻訳の問題をとっても、日本は完全に欧米言語圏から外れて、まずそれだけでも大きなハンデがある。欧米では中学高校から哲学をカリキュラムに入れている国もあるが、日本ではどんな秀才も、ほとんど大学に入ってはじめて哲学書を開くのだ。

また日本ではつねに外来の流行思想というものがある。日本の学生は、まず最新の輸入された思想について大急ぎでこれを理解しようとするが、その根本の土台をなしている近代哲学の知的基礎についてはほとんど理解しないままここまでやってきた。

そしてこのことは、日本人が社会的な問題を思考するときの、どういえばいいか、全般的なロマン的色彩というか、腰の弱さというか、哲学や思想を現実から離れた領域で意味をもつと考えたがる傾向、といったものに、見えない影響を与えているように思えてならない。

さらにまた、日本では、哲学の業界というかあるいは伝統的な哲学愛好者のなかに、哲学の理説をできるだけ一般読者に向けて解読しようとする試みについて、いわば〝聖域〟を侵すような行為として嫌う人びともいるようだ。しかし、「難解なものこそ深遠である」というよく見られる観念は、後発文化にしばしば見られる信仰である。

難解な哲学テクストを、異質なヨーロッパ言語からの翻訳で読まねばならない日本やアジアなど、欧米言語圏の外にある国では、知的文化の交換と相互了解のために、今後このような試みはむしろ、必須かつ当然のこととなるだろうと、わたしは思う。

ともあれ、わたしが示唆したかったのは、たとえば『純粋理性批判』のいちばん重要な核心について、日本の知的階層でこれをはっきりと理解しているような人は、きわめて稀ではないか、ということだ。なんとも惜しいと思わざるをえない。

意外に思われるかもしれないが、『純粋理性批判』の核心的な議論である「アンチノミー」の考えをとことん追いつめれば、思考の方法についてのきわめてシンプルな一つの「アイデア」（原理）に帰着する。それはすなわち、「形而上学の不可能性」という原理である。

まえがきでも触れたが、オーギュスト・コントの定義によれば、「形而上学」とは根本原理、究極原因を求めようとする学問である。人間は太古から、世界と人間の存在の根本の謎について、つまり「根本原理」と「究極原因」を探究してきたし、ヨーロッパではキリスト教の教義とあいまって、哲学ではこれがつねに中心課題となってきた。だが、この探究がまったく「不可能」であることを証明できる、というのがカントのアンチノミーの結論なのである。

こういうと、ある人は、そんなことは当然ではないかと思うかもしれないし、またある人びとは、そんなことは証明できるわけがない、と考えるかもしれない。しかし何より重要なのは、このシンプルな考えの、射程の広さと深さなのである。

『純粋理性批判』という書物は、いわば一つの壮大な建物だが、なかなか不思議な仕方で建てられている。たとえばアンチノミーの議論はおそろしく難解で、一度入ると重層的な階層をもつ幾重にも折れ曲がった迷路のように構成されており、それを根気よくたどり尽くして通り抜けないかぎり、結論の地点に達することができないようになっている。ところがまたその最後の結論は、じつに簡明かつシンプルなものなのである。

だが、興味深いのは、人がこの複雑に入り組んだ議論の迷路を自力で通り抜けることができたなら、このシンプルな結論の深い意義が自ずと腑に落ち、またその射程の広さに思い当たらないわけにいかない、ということである。

わたしがとくに多くの若い読者に、カントのこの難解な議論の迷宮を最後まで通り抜けるという体験をしてもらいたいと望むのは、まさしくこのシンプルな「アイデア」の先にあるものをつかみとってほしいからだ。

「形而上学の不可能性」ということ。それはまず第一に、世の中には決して答えることのできない問いが多く存在するということを教える。また、根源的な問い、極限的な問いについては、われわれは「物語」しか立てられないことをも教える。しかもこのことを、その本質的な理由とともに教える。

第二に、それは、われわれに現われてくるさまざまな問題のうち、どのようなものが共通認識を求めるべきであり、どのようなことがらは、多様性に任せてよいものかを、やはり本質的な理由とともに教える。

第三に、なぜ社会にはつねに多くの意見の対立が存在し、なぜそれはかくも長く克服されがたいものとして存続してきたのか、についても、その深い理由を教える。

これらのことは、アンチノミーの議論がわれわれに示唆する、まず最も重要な人間的「叡智」だが、その射程の地平はさらに広がってゆくはずである。

カント哲学のみならず、近代哲学が示してきた核心的なアイデアとその射程は、現在の「反哲学」の思潮のなかでほとんど覆い隠されている。この本を手がかりにカントの哲学のエッセンスに近づくものは、もういちど近代哲学の知の深い本質に触れ、そこから新しい時代の道を切り開くかもしれない。

＊

この場を借りて、われわれ（竹田・西）の試みをつねに支えてくれているカルチャーセンターの受講生の方々や、学生諸君に感謝したい。また、このシリーズを担当してくれている講談社現代新書の担当者、所澤淳さんのゆきとどいた配慮にも感謝。また励ましを寄せてくれる読者のみなさんにも感謝です。超解読シリーズのつぎの予定は、いまのところヘーゲルの『法の哲学』（竹田・西共著）です。

二〇一一年三月一一日

講談社現代新書　2099
超解読《ちょうかいどく》！　はじめてのカント『純粋理性批判《じゅんすいりせいひはん》』
二〇一一年四月二〇日第一刷発行　二〇二五年八月四日第七刷発行
著　者　竹田青嗣《たけだせいじ》
©Seiji Takeda 2011
発行者　篠木和久
発行所　株式会社講談社
東京都文京区音羽二丁目一二―二一　郵便番号一一二―八〇〇一
電　話　〇三―五三九五―三五二一　編集（現代新書）
〇三―五三九五―五八一七　販売
〇三―五三九五―三六一五　業務
装幀者　中島英樹
印刷所　株式会社ＫＰＳプロダクツ
製本所　株式会社ＫＰＳプロダクツ
定価はカバーに表示してあります　Printed in Japan
本書のコピー、スキャン、デジタル化等の無断複製は著作権法上での例外を除き禁じられています。本書を代行業者等の第三者に依頼してスキャンやデジタル化することは、たとえ個人や家庭内の利用でも著作権法違反です。
落丁本・乱丁本は購入書店名を明記のうえ、小社業務あてにお送りください。送料小社負担にてお取り替えいたします。なお、この本についてのお問い合わせは、「現代新書」あてにお願いいたします。
N.D.C. 134.2　318p　18cm
ISBN978-4-06-288099-2

## 「講談社現代新書」の刊行にあたって

教養は万人が身をもって養い創造すべきものであって、一部の専門家の占有物として、ただ一方的に人々の手もとに配布され伝達されうるものではありません。

しかし、不幸にしてわが国の現状では、教養の重要な養いとなるべき書物は、ほとんど講壇からの天下りや単なる解説に終始し、知識技術を真剣に希求する青少年・学生・一般民衆の根本的な疑問や興味は、けっして十分に答えられ、解きほぐされ、手引きされることがありません。万人の内奥から発した真正の教養への芽ばえが、こうして放置され、むなしく滅びさる運命にゆだねられているのです。

このことは、中・高校だけで教育をおわる人々の成長をはばんでいるだけでなく、大学に進んだり、インテリと目されたりする人々の精神力の健康さえもむしばみ、わが国の文化の実質をまことに脆弱なものにしています。単なる博識以上の根強い思索力・判断力、および確かな技術にささえられた教養を必要とする日本の将来にとって、これは真剣に憂慮されなければならない事態であるといわなければなりません。

わたしたちの「講談社現代新書」は、この事態の克服を意図して計画されたものです。これによってわたしたちは、講壇からの天下りでもなく、単なる解説書でもない、もっぱら万人の魂に生ずる初発的かつ根本的な問題をとらえ、掘り起こし、手引きし、しかも最新の知識への展望を万人に確立させる書物を、新しく世の中に送り出したいと念願しています。

わたしたちは、創業以来民衆を対象とする啓蒙の仕事に専心してきた講談社にとって、これこそもっともふさわしい課題であり、伝統ある出版社としての義務でもあると考えているのです。

一九六四年四月　野間省一